·能源经济文库·
加快生态文明建设 推动能源发展转型

U1015362

推进新型能源体系建设研究

赵勇强 谷立静◎等著

STUDY ON PROMOTING THE CONSTRUCTION OF
A NEW ENERGY SYSTEM

中国经济出版社
CHINA ECONOMIC PUBLISHING HOUSE
·北京·

图书在版编目（CIP）数据

推进新型能源体系建设研究 / 赵勇强等著 . -- 北京 ：
中国经济出版社，2025. 3. -- ISBN 978-7-5136-8103-2

Ⅰ. F426. 2

中国国家版本馆 CIP 数据核字第 2025XR8770 号

责任编辑　姜　静　马伊宁
责任印制　李　伟
封面设计　任燕飞

出版发行　中国经济出版社
印 刷 者　天津嘉恒印务有限公司
经 销 者　各地新华书店
开　　本　710mm×1000mm　1/16
印　　张　13. 5
字　　数　198 千字
版　　次　2025 年 3 月第 1 版
印　　次　2025 年 3 月第 1 次
定　　价　78. 00 元
广告经营许可证　京西工商广字第 8179 号

中国经济出版社 **网址** http://epc. sinopec. com/epc/ **社址** 北京市东城区安定门外大街 58 号 **邮编** 100011
本版图书如存在印装质量问题，请与本社销售中心联系调换（联系电话：010-57512564）

版权所有　盗版必究（举报电话：010-57512600）
国家版权局反盗版举报中心（举报电话：12390）　　服务热线：010-57512564

前　言

构建新型能源体系是实现中国式现代化的重要保障，是实现碳达峰碳中和目标的必由之路，是保障国家能源安全的战略选择，也是推动产业高端化发展的重要支撑。本书通过系统研究，阐述了新型能源体系的内涵和特征，提出了新型能源体系建设的目标和思路，并从能源消费绿色低碳转型、新型能源装备产业体系建设、新型电力系统建设、新型能源市场体系构建、新型能源治理体系构建5个方面分析提出了新型能源体系建设的具体路径。

本书是课题组研究成果的结晶，共分为十章。第一章推进新型能源体系建设的重要意义，由赵勇强执笔。第二章能源体系变革的国际发展趋势和探索，由谷立静、刘坚执笔。第三章我国能源体系变革的成就和挑战，由赵勇强、谷立静、何则执笔。第四章新型能源体系的内涵特征和发展思路，由赵勇强、苏铭、白泉、王仲颖、孙颖、谷立静、郑雅楠、田磊、陶冶、赵盟、王娟、刘坚、何则执笔。第五章新型能源体系建设的路径分析，由赵勇强、白泉、王仲颖、谷立静、安琪、何则、郑雅楠、杨宏伟、刘坚、符冠云、张建国、伊文婧、裴庆冰、田聿申、刘政昊执笔。第六章推动能源消费绿色低碳转型，由谷立静、白泉、孙颖、符冠云、张建国、伊文婧执笔。第七章推动新型能源装备产业体系建设，由陶冶执笔。第八章推动新型电力系统建设，由郑雅楠、何则、何鑫执笔。第九章构建新型能源市场体系，由赵盟、刘坚、王娟执笔。第十章构建新型能源治理机制，由王娟、冯升波、邓良辰执笔。

本书在撰写过程中，得到了国家发展改革委经济运行调节局、国家发展改革委基础设施发展司、中国宏观经济研究院，以及国内多家研究机构和企业领导、专家的指导与帮助，在此向他们表示衷心的感谢！

需要说明的是，本书涉及的课题研究主要是2023年开展的，随着全球能源变革的演进和我国新型能源体系的逐步建立，必将出现新变化、遇到新问题。受限于课题组研究时间和调研范围，本书难免存在不妥之处，敬请读者指正。

本书呈现课题组研究成果，仅代表课题组的观点和看法，不代表任何政府部门和课题成员所在单位的意见。特此说明。

课题组

2025年3月

目　录

第一章

推进新型能源体系建设的重要意义

内容摘要：中国式现代化是人与自然和谐共生的现代化，要求协同推进降碳、减污、扩绿、增长，开辟能源发展新道路。在推进碳达峰碳中和进程中，影响能源安全的“新”“旧”因素日益交织，能源产业从资源型产业加速转向技术型产业，实现向低碳产业结构和经济模式的根本性变革。构建新型能源体系是推进中国式现代化的重要保障、实现碳达峰碳中和目标的必由之路、保障国家能源安全的战略选择、推动产业高端化发展的重要支撑。

一、构建新型能源体系是推进中国式现代化的重要保障

中国式现代化将创造人类文明新形态。党的十八大以来，我国把生态文明建设纳入中国特色社会主义事业总体布局，统筹推进经济建设、政治建设、文化建设、社会建设、生态文明建设“五位一体”总体布局。党的十九大报告提出，开启全面建设社会主义现代化国家新征程，到2035年基本实现社会主义现代化，到21世纪中叶把我国建成富强民主文明和谐美丽的社会主义现代化强国。党的二十大报告指出，中国式现代化既有各国现代化的共同特征，更有基于自己国情的中国特色，将推动物质文明、政治文明、精神文明、社会文明、生态文明协调发展，创造人类文明新形态。

中国式现代化是人与自然和谐共生的现代化。党的二十大报告和《中共中央关于进一步全面深化改革　推进中国式现代化的决定》指出，大自然是人类赖以生存发展的基本条件，我们要坚持可持续发展，坚持节约优先、保护优先、自然恢复为主的方针，坚定不移走生产发展、生活富裕、生态良好的文明发展道路，实现中华民族永续发展；要推进美丽中国建设，协同推进降碳、减污、扩绿、增长，推进生态优先、节约集约、绿色低碳发展；积极稳妥推进碳达峰碳中和，深入推进能源革命，加快规划建设新型能源体系。

中国式现代化要求开辟能源发展新道路。过去数百年各国现代化的历程中屡受传统能源发展模式的冲击，经历了数次能源危机，且以化石能源为主的能源体系具有高消耗、高污染、掠夺式、对抗性的特点，导致全球生态环境恶化和气候变化，还导致资源依赖型经济的兴衰。面向未来，一方面，世界百年未有之大变局进入加速演变期；另一方面，新一轮科技革

命和产业变革深入发展。中国无法走也不能走西方发达国家以煤炭油气为主、资源耗竭型、高对外依存度的老路，应开辟以可再生能源为主的新型能源体系以支撑实现现代化的新道路。

二、构建新型能源体系是实现碳达峰碳中和目标的必由之路

我国需要在更短的时期从碳达峰实现碳中和。自 2015 年联合国气候大会通过《巴黎协定》以来，全球 140 多个国家和地区都已明确碳中和发展目标，低碳发展成为全球战略竞争的制高点。碳关税、碳边境调节机制、碳排放信息披露等不断发酵，国际贸易和治理规则出现重大变化。我国确定了 2030 年前实现碳达峰、2060 年前实现碳中和的宏伟目标。与发达国家相比，中国要求在推进现代化的过程中实现碳达峰，然后用更短时间实现碳中和，同时实现向低碳产业结构和经济模式的根本性变革，时间紧迫、任务艰巨。

碳达峰碳中和需要加快建设近零排放新型能源体系。联合国政府间气候变化专门委员会（Intergovernmental Panel on Climate Change，IPCC）第六次评估报告（The Sixth Assessment Report，AR6）第三工作组（The Working Group Ⅲ，WGⅢ）报告《气候变化 2022：减缓气候变化》指出，现有能源系统无法支撑《巴黎协定》的实现，需要在未来 30 年内对能源系统进行实质性改变和彻底转型。党的二十大报告强调，积极稳妥推进碳达峰碳中和，立足我国能源资源禀赋，坚持先立后破，有计划分步骤实施碳达峰行动。加快规划建设新型能源体系，到 2060 年非化石能源消费比重达到 80%以上。

三、构建新型能源体系是保障国家能源安全的战略选择

影响能源安全的“新”“旧”因素日益交织。在推进中国式现代化过程中，经济社会发展对安全可靠能源供应提出更高需求，满足人民美好生活需要对高水平能源保障提出更高要求。但是，我国面临的能源安全形势异常复杂和严峻，影响能源安全的“新”“旧”因素日益交织，地缘政治、气

候变化与能源转型影响叠加且相互强化，能源安全的内涵和外延不断深化。

从根本上解决能源安全问题必须构建新型能源体系。2014年，习近平总书记主持召开中央财经领导小组第六次会议，研究我国能源安全战略，提出了“四个革命、一个合作”能源安全新战略。过去能源安全通常聚焦供应中断及其风险，未来必须将系统韧性置于能源安全概念的核心位置。能源系统应该具有在不同的条件下应对灾难、吸收冲击、恢复和迅速适应的能力，以确保能源安全。我国正在推进能源供给革命、能源消费革命、能源技术革命和能源体制革命，“四个革命”相互交织，必须协同推进，建设新型能源体系，以新安全格局构建新发展格局。

四、构建新型能源体系是推动产业高端化发展的重要支撑

能源产业从资源型产业加速转向技术型产业。碳中和的本质是从资源依赖走向技术依赖的过程，未来能源体系的核心因素是新型能源技术装备。随着全球多国提出“碳中和”承诺，新型能源装备成为各国能源转型的关键。2022年全球新型能源装备产业规模达3068亿美元，其中我国新型能源装备产业规模全球领先，达到7443亿元人民币。

新型能源体系助力培育我国产业竞争新优势。新型能源体系将催生新技术、新产业、新模式，新能源等战略性新兴产业发展成为新的增长引擎，新一代信息技术、人工智能等与能源系统深度融合。建设新型能源体系将全面提升能源产业基础高级化和产业链现代化水平，推动能源装备产业从低端走向高端，强化国家产业竞争优势。

第二章

能源体系变革的国际发展趋势和探索

内容摘要：当前，全球正在进行新一轮能源转型。在应对气候变化和技术变革等因素共同推动下，全球能源变革呈现能源消费电氢化、能源生产低碳化、能源供需互动化、能源系统智能化等普遍趋势。从典型国家推进能源转型的实践来看，各国普遍构建了一套系统的推进战略，明确了近、中、远期能源转型的目标，提出了电力、工业、建筑、交通等重点领域转型路径和重点任务，并配套出台了一系列政策保障措施。各国根据自身国情灵活寻求最适合的能源系统，转型路径各具特色。

一、全球能源变革趋势

当前，全球正在进行着新一轮能源转型。国际能源署（International Energy Agency，IEA）、国际可再生能源署（International Renewable Energy Agency，IRENA）、联合国政府间气候变化专门委员会（IPCC）和各国相关研究显示，在应对气候变化和技术变革等因素共同推动下，未来全球能源变革呈现能源消费电氢化、能源生产低碳化、能源供需互动化、能源系统智能化等普遍趋势。

（一）能源消费电氢化

近年来，全球终端用能电气化发展导向日益清晰，电能替代加快深入各行业工艺环节，拓宽终端领域电能替代场景，并进一步带动重点行业和主要部门用能形态发生显著变化。分行业看，工业领域传统高载能行业电气化水平稳步提升，高技术制造业用电实现快速增长。建筑部门热泵电制冷暖供应逐步推广，光储直柔建筑相关探索正在开展。交通电气化进程稳中有进，道路交通全面电动化已成为全球共识。预计 2050 年全球终端能源消费电气化率将达到 50%以上，全球电动汽车保有量将超过 10 亿辆。

随着深度脱碳需求的增加和低碳清洁氢经济性的提升，氢能将在工业、交通、建筑与发电等领域逐步实现规模化应用，为新型能源体系建设提供了新的解决方案。根据国际能源署预测，若要在 2050 年实现净零排放，到 2030 年全球低碳氢消费量需要达到 7000 万吨。按照国际氢能理事会的预测，到 2050 年氢能在终端能源消费中占比将达到 22%。

（二）能源生产低碳化

未来，全球能源系统将向净零排放能源系统转型，能源生产供给的主体将加快从高碳能源转向低碳零碳能源。在国际能源署的净零排放路径中，化石能源消费的占比将由目前的近 4/5 减少到 2050 年的约 1/5，并主要用于含碳商品制造等缺乏低排放技术的部门；而风能、太阳能、生物能、地热能和水能等可再生能源将占能源供应总量的 2/3。国际可再生能源署的分析同样表明，若要实现将全球温升控制在 1.5℃以内的情景，到 2030 年全球可再生能源发电规模将接近 108 亿千瓦，是当前的 4 倍。到 2050 年，可再生能源发电装机将接近 300 亿千瓦，占电力总装机的 92%，发电量占全部发电量的 90%。国际氢能理事会预测，以可再生能源为主的绿氢占比将达到 80%以上。

（三）能源供需互动化

能源供需两侧的新变化新特征将导致时段性、区域性供需矛盾日益凸显。电力方面，风、光等新能源发电出力波动性显著，叠加用电负荷尖峰值越来越高、峰谷差越来越大，电力系统实时平衡挑战进一步增大。天然气方面，用气需求也存在明显季节差异，冬季采暖期供需形势较为紧张，其他时段相对宽松。传统“源随荷动”的运行模式已不再适用，各国日益重视利用数字技术加强需求侧管理，推动供需双向互动、消费侧主动参与能源平衡。分布式发电、电动汽车、新型储能等新技术也将改变传统供能模式和用能行为，使得能源生产和消费的界限进一步模糊，推动用户由“纯消费者”向“产消者”转变。

（四）能源系统智能化

供需两侧能源变革对能源系统智能调控提出更高要求，日益普及的数字化技术加速了智能化进程。能源系统智能化趋势主要表现在：能源设备和工艺流程智能化改造升级，能源系统将接纳各类新型能源技术，拓宽应用场景；能源系统数字化水平大幅提升，新一代信息技术、人工智能、云计算、大数据等得到全面应用，推动源网荷储互动、多能协同互补及用能需求实现智能调控；虚拟电厂、综合能源服务商、负荷聚合商等新模式新业态得到普及，推动产业绿色转型和智慧能源系统建设。

二、典型国家能源变革路径

从典型国家推进能源转型的实践来看，各国普遍构建了一套系统的能源转型推进战略，通过出台相关法案、计划、行动等文件，明确能源转型的近、中、远期目标，提出能源（电力）、工业、建筑、交通等重点领域转型路径和重点任务，并配套出台投资、税收、金融等方面的保障措施。典型国家的能源转型工作都同时涉及能源供给和需求两侧，覆盖能源生产和重点终端用能领域，既包含技术创新研发、产业升级，也包括多种市场化机制和政府治理措施。各国根据自身国情灵活寻求最适合的能源系统，由于经济发展特征、资源禀赋等条件不同，各国能源转型的路径不尽相同。

（一）美国：市场和成本驱动天然气和可再生能源主导能源转型

美国是全球能源消费和温室气体排放第二大国，两党在应对全球气候变化方面存在巨大战略和政策分歧，但都长期重视“能源独立”，既重视发展页岩气等非常规油气，也大力发展可再生能源，并日益注重建立本土供应链。2021 年，拜登政府推动美国重返《巴黎协定》之后，接连提出了一系列与应对气候变化相关的法案、战略和行动等，计划到 2035 年实现电力系统零碳，到 2050 年实现能源碳中和。预计到 2050 年，美国可再生能源发电量将较目前翻一番，主要是风电和光伏发电显著增长，但届时气电发电占比仍保持在 30%以上的高位。2021—2050 年，预计美国可再生电力装机占新增装机总量的 57%。2022 年 8 月，美国通过《通货膨胀削减法案》（Inflation Reduction Act，IRA），计划为本国太阳能、风能、碳捕获、清洁制氢等清洁能源技术提供经济激励和税收抵免，促进本土清洁能源供应链的建立。

（二）欧盟：约束目标、法律法规和统一市场推动全方位能源变革

欧盟积极在应对气候变化框架下推进能源转型。2019 年 12 月，欧盟颁布《欧洲绿色协议》（European Green Deal），提出到 2050 年实现温室气体净零排放。2020 年 9 月，欧盟发布《2030 年气候目标计划》（2030 Climate

Target Plan)，提出到2030年将温室气体排放量较1990年水平下降55%。为实现上述目标，欧盟启动了“减碳55”（“Fit for 55”）一揽子立法与“RE-PowerEU”计划，推动欧盟层面的政策和法规与减排55%的新目标更加匹配，加速推进节能、多元化供应和清洁能源替代。欧盟陆续修订出台了《能源效率指令》、《可再生能源指令》、欧盟碳排放交易体系（European Union Emission Trading Scheme，EU ETS）和碳边境调节机制（Carbon Border Adjustment Mechanism，CBAM）等相关法规制度，并制定了《欧盟氢能战略》。按照相关立法，到2030年欧盟最终能源消耗减少11.7%，可再生能源占终端能源消费的比重提高到45%，建筑中可再生能源比例至少达到49%，所有新建筑物实现零排放。工业用氢的42%应来自非生物来源可再生燃料；可持续航空燃料占比在2050年达到70%，其中氢基合成燃料占比35%。2021年以来，欧盟经历了前所未有的能源危机，最初各国分别采取行动应对，随后又在欧盟层面采取了一整套紧急措施，实施价格干预、需求侧管理、强制联合储气机制，提出《关键原材料法案》和《欧盟电池法》等供应链相关法规。

（三）德国：在坚定绿色低碳目标下寻求经济和安全的平衡

德国坚定推进绿色低碳能源转型战略，并要求兼顾绿色、经济、安全的平衡，对能源转型设定了五个方面的宏观目标。一是推进气候和环境保护，到2045年二氧化碳较1990年减排95%以上，实现气候中和；二是实现经济平衡性，能源转型应是经济可承受的，不对经济发展产生负面影响；三是保障能源供应安全，能源供应不易受到国际政治形势变化的影响；四是创造更多就业机会；五是促进科技创新，打造新的支柱产业。俄乌冲突爆发之后，德国调整了化石能源和核电的退出顺序，依次为：俄罗斯供应的天然气、核电、煤炭，其他国家供应的天然气。德国在可再生能源领域重点发展风电和光伏，同时认为氢能是未来仅次于电能的二次能源，计划在2030年前建成1000万千瓦的电解水制氢能力。德国十分重视节能，将“能效优先原则”写入国家法律，努力打造“全球最节能、能效最高的经济体”。德国专家认为，要实现碳中和目标，到2045年终端能源需求需要比目前水平降低28%~37%。

（四）英国：加速发展海上风能和核电代替煤炭和油气

英国是全球首个立法承诺在2050年实现净零排放的主要经济体，还提出到2035年温室气体排放量较1990年减少78%。过去20多年，英国气电发电量占比一直稳定在40%左右，煤电占比快速下降，风电占比迅速上升。英国宣布在2024年10月1日前关闭所有燃煤电厂，并重点发展海上风能和核电，力争到2030年实现95%的电力来自低碳能源。英国还提出到2030年实现500万千瓦的低碳氢生产能力，2030年后禁止销售新的汽油车和柴油车，到2035年所有新车和货车实现尾气零排放，到2050年努力实现所有建筑供暖脱碳。俄乌冲突发生后，英国进一步加快了从油气向可再生能源的转变。

（五）日本：以加速发展可再生能源、氢氨和恢复核电保障能源安全转型

日本宣布在2050年前实现碳中和，力争到2030年温室气体排放比2013年减少46%。日本近年出台了多项法案，重点强调了要发展清洁能源、提升电气率、加强节能提效等举措。2021年10月，日本出台的第六次《能源基本计划》首次提出"最优先"发展可再生能源的能源方针，并提出2030年非化石能源发电占比目标为59%，其中可再生能源发电占比达36%～38%，到2050年达到50%～60%。日本计划大力发展氢氨发电，力争到2050年占比增至10%。另外，日本计划将核电占比恢复到20%～22%。与此同时，气电和煤电占比分别降至20%和19%，并大力发展CCUS（Carbon Capture，Utilization，and Storage，即碳捕集、利用与封存）技术，努力到2050年前实现核电与完成碳捕集的火电合计占比达到30%～40%的目标。在终端用能领域，日本提出未来15年内逐步停止销售燃油车，不断修订《建筑节能法》以提高建筑节能标准要求，为现有住房的节能改造提供低息贷款支持。

参考文献

［1］European Commission. “Fit for 55”：Delivering the EU’s 2030 Climate Target on the way to climate neutrality［EB/OL］.（2021-07-14）. https：//eur-lex. europa. eu/legal-content/EN/TXT/HTML/？ uri=CELEX：52021DC0550.

［2］GOV. UK. Net zero Strategy：British Energy Security Strategy［R/OL］. https：//assets. publishing. service. gov. uk/media/626112c0e90e07168e3fdba3/british-energy-security-strategy-web-accessible. pdf，2022-04-07.

［3］The White House. The Long-term Strategy of the United States：Pathways to Net-Zero Greenhouse Gas Emissions by 2050［R/OL］. https：//www. whitehouse. gov/wp-content/uploads/2021/10/US-Long-Term-Strategy. pdf.

［4］International Energy Agency. Global Hydrogen Review 2024［R/OL］. Paris，https：//www. iea. org/reports/global-hydrogen-review-2024.

［5］International Energy Agency. Net Zero Roadmap：A Global Pathway to Keep the 1. 5℃ Goal in Reach［R/OL］. Paris，https：//www. iea. org/reports/net-zero-roadmap-a-global-pathway-to-keep-the-15-0c-goal-in-reach.

［6］International Hydrogen Council. Hydrogen for Net-Zero a Critical Cost-Competitive Energy Vector［R/OL］. https：//hydrogencouncil. com/wp-content/uploads/2021/11/Hydrogen-for-Net-Zero. pdf，2021.

［7］International Renewable Energy Agency. World Energy Transitions Outlook 2022：1. 5℃ Pathway［R］. AbuDhabi，2022.

［8］陶光远．为什么天然气危机加速了德国能源转型？［J］. 能源，2022，15(9)：65-67.

［9］新华网．日本通过 2050 年碳中和法案［EB/OL］.（2021-05-26）. http：//www. xinhuanet. com/2021-05/26/c_1127495739. htm.

第三章

我国能源体系变革的成就和挑战

内容摘要：在能源安全新战略指引下，我国深入推进能源生产和消费方式变革，能源供给保障能力全面提升，能源绿色低碳发展实现历史性突破，有力保障了经济社会高质量发展。与此同时，我国能源体系变革面临着能源供需时空矛盾加剧、能源转型系统成本短期增加、能源产业格局调整加速、能源市场竞争不充分、能源治理体系和治理能力薄弱等挑战。为此，需要用好集中力量举国体制的制度优势、持续升级的制造业体系优势和超大市场规模优势，持续推进能源体系变革。

一、我国能源体系变革取得的成就

（一）能源开发利用向清洁化低碳化加速转型

能源供给和消费的含“绿”量显著提升。2023 年，我国清洁能源消费比重达到 26.4%，较 2013 年提高 10.9 个百分点，煤炭消费比重累计下降 12.1 个百分点（见图 3-1）。发电总装机容量达到 29.2 亿千瓦，其中，清洁能源发电装机容量达到 17 亿千瓦，占发电装机总量的 58.2%。清洁能源发电量约 3.8 万亿千瓦时，占总发电量的 39.7%，比 2013 年提高了 15 个百分点左右。10 年来，新增清洁能源发电量占全社会用电增量一半以上，我国能源供应和消费的含“绿”量显著提升。

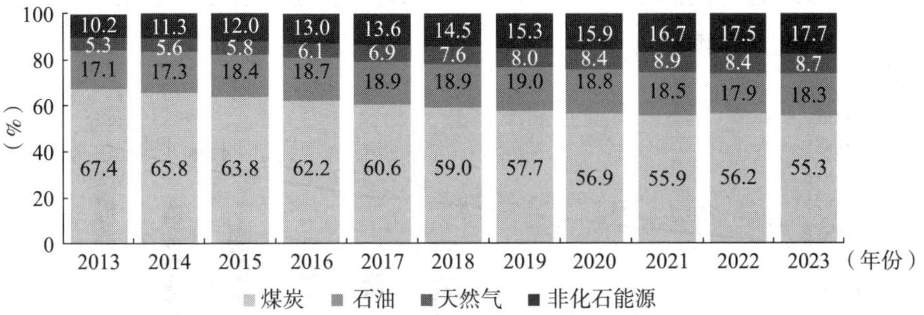

图 3-1　2013—2023 年我国一次能源消费结构变化

电力供应更加清洁化低碳化。2013—2023 年，我国一次能源生产能力增长了 35%，有力支撑了经济平稳健康发展。2023 年，我国的能源供应结构中原煤占 67.2%，比 2013 年下降 8.2 个百分点；原油占 6.3%，比 2013 年下降 2.1 个百分点；天然气占 5.9%，比 2013 年提高 1.5 个百分点；一次电力和其他能源占 20.6%，比 2013 年提高 8.8 个百分点（见图 3-2）。

经过10年的发展，电力结构从过去“煤电为主、水电为辅”的格局，变为“可再生能源与核电、天然气发电加快发展，储能、需求侧响应、电网互济为支撑，火力发电提供服务和兜底保障”的新格局。

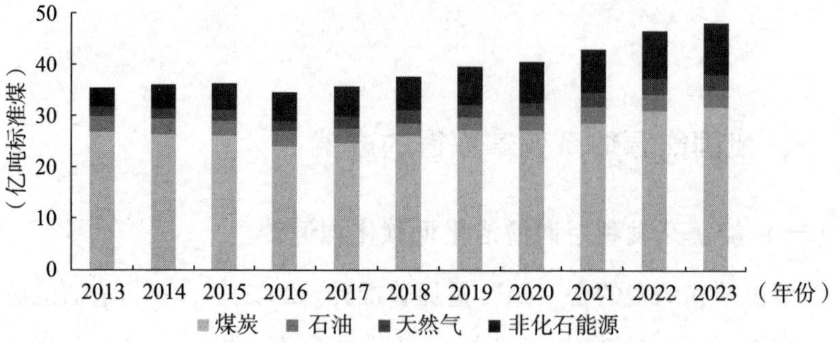

图 3-2　2013—2023 年我国一次能源供应情况变化

新能源和可再生能源发电高速发展。10年来，我国可再生能源发电装机保持了年均接近15%的高速增长，2023年发电装机容量接近30亿千瓦，是2013年的2.3倍左右。2023年，我国的可再生能源发电装机历史性超过了火电装机，在全部发电总装机中的比重突破了50%。2023年，我国非化石能源发电（包括可再生能源发电和核电）占全部发电装机的比重已经达到53.9%（见图3-3）。

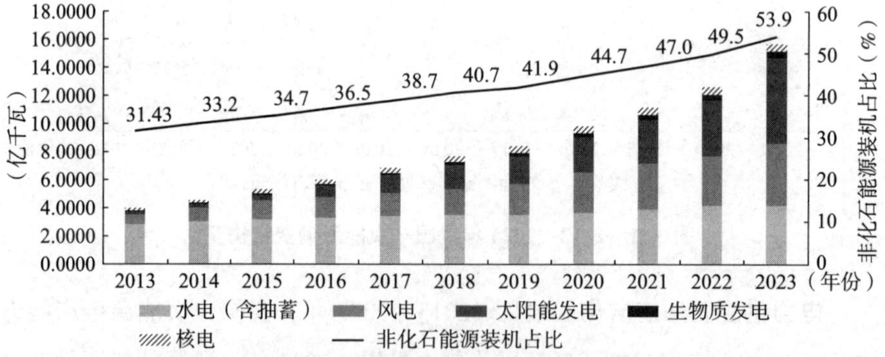

图 3-3　2013—2023 年我国非化石能源发电装机及其比重变化

光伏发电和风电成为新能源发展热点。2013—2023年，我国的风力发电装机规模已经连续位居全球第一；2015—2023年，我国的光伏发电装机连续 8 年保持全球第一，生物质发电装机也连续 7 年位居世界前列。2023 年，风力发电装机容量为 4.4 亿千瓦，是 2013 年的 5.8 倍；光伏发电装机容量为 6.09 亿千瓦，是 2013 年的 38.4 倍。在发电量方面，2013—2023 年，我国风电、光伏发电量的年均增速连续 10 年保持在 10 个百分点以上。2023 年，我国风电和光伏的发电量之和已经达到 1.45 万亿千瓦时（见图 3-4），约占全社会用电量的 16%，相当于我国 14 亿人，每人每年消费约 1000 千瓦时的风电和光伏发电量。

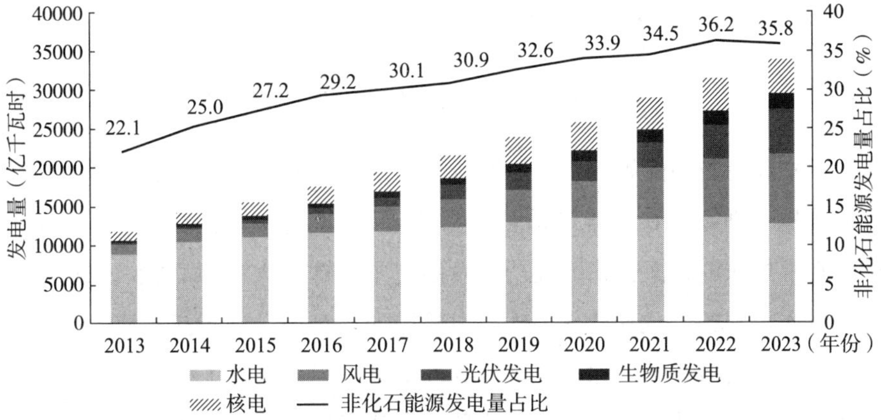

图 3-4　2013—2023 年我国非化石能源发电量及其比重变化

（二）能源供应有力保障了经济社会高质量发展

经济发展对化石能源的依赖程度稳步下降。工业、建筑、交通运输等领域持续推广节能和低碳技术，用先进高效技术代替传统技术，将落后装备升级为先进制造，我国重点大中型企业的吨钢综合能耗、原铝综合交流电耗已经达到世界先进水平，节能建筑占城镇民用建筑面积比例提高到 65%以上，新能源汽车市场渗透率已经超过 30%。2014—2023 年，我国国内生产总值增长了 78.5%，但化石能源消耗只增长了 37.2%，单位 GDP 化石燃料能耗从 2013 年的 0.53tce/万元下降到 2023 年的 0.35tce/万元（见图 3-5），下降了 40.0%，经济发展对化石燃料消费的依赖程度持续降低。

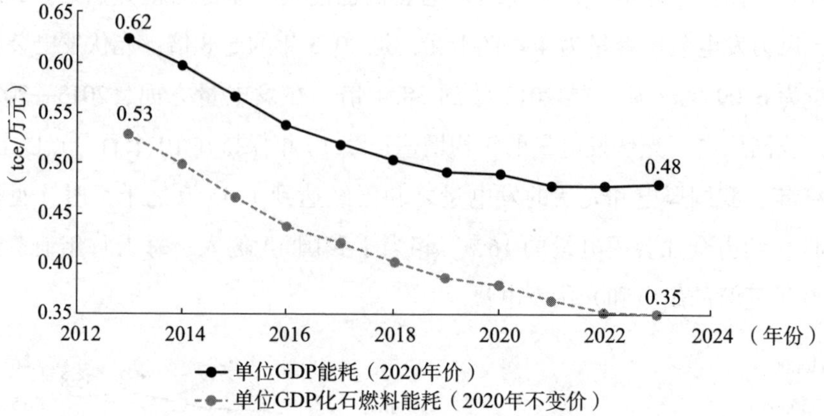

图 3-5　2013—2023 年我国的单位 GDP 能耗变化

建立起完备的能源装备制造产业链。水电、新能源、氢能、新型储能等领域技术创新加快，推动清洁能源产业成长为现代化产业体系的新支柱。在常规水电方面，我国成功研发制造了全球最大单机容量（100 万千瓦）的水电机组，成功建成金沙江白鹤滩和乌东德、雅砻江两河口、澜沧江黄登、大渡河猴子岩和双江口等重大水电工程，水电工程建设能力领跑全球。光伏发电技术和产业链发展具备全球竞争优势，产业规模和产品出口规模连续多年居世界第一，多晶硅、硅片、电池片和组件等产品产量占全球比重均超过 80%，太阳能电池成为我国出口“新三样”之一，光伏技术全球竞争优势进一步凸显。风电技术创新能力和产能水平保持国际同步，形成了全球最完善的产业链，整机和关键零部件的产能均占据全球 60%以上，国内风电装机 90%以上采用国产风电机组。在我国全产业链集成制造优势的综合作用下，2021 年我国风电、光伏发电全面实现无补贴平价上网。氢能和新型储能多元化发展取得显著成效，初步掌握了清洁低碳氢全产业环节的关键技术及其生产工艺。与此同时，锂离子电池、压缩空气储能、液流电池、飞轮储能、液态空气储能、二氧化碳储能等新型储能技术和项目落地实施。

（三）能源转型与生态环境高水平保护协同推进

能源相关的环境污染持续下降。化石能源的大量消耗，是导致我国空气污染的重要原因之一。2013 年，我国的二氧化硫排放为 2040 万吨，氮氧化物排放为 2230 万吨，2016 年细颗粒物排放为 1500 万吨。2022 年，我国的二氧化硫排放为 240 万吨，比 2013 年减少了 88. 2%；氮氧化物为 900 万吨，比 2013 年减少了 96%；细颗粒物排放为 490 万吨，比 2016 年减少了 67%（见图 3-6）。

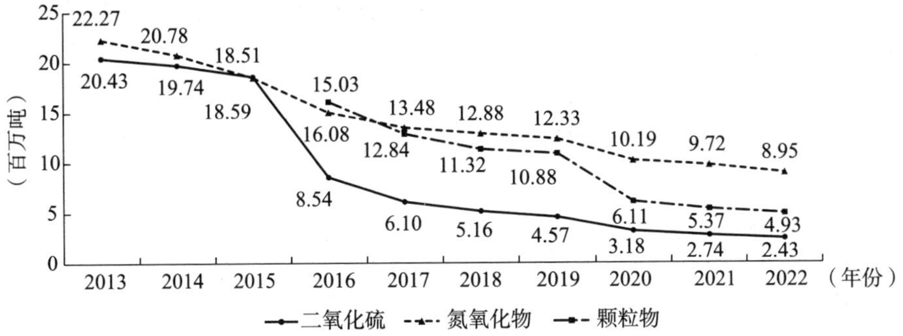

图 3-6　2013—2022 年我国的大气污染物排放情况

我国碳排放强度下降为全球做出积极贡献。2014—2023 年，我国碳排放强度年均下降 4. 3%，较全球年均水平高 2. 2 个百分点，是全球能源相关二氧化碳排放强度下降速度最快的国家之一。我国能源相关二氧化碳排放强度的降低，主要来自能耗强度降低和能源结构优化两条途径。2014—2023 年，我国碳排放强度下降实现减碳量 38. 4 亿吨，其中环比累计节能 12. 1 亿吨标准煤，相当于少排放二氧化碳 32. 2 亿吨，占贡献率的 83. 9%；能源结构优化带来的减碳量为 6. 2 亿吨，占贡献率的 16. 1%。我国碳排放强度下降，为全球在保持经济社会发展的同时积极应对气候变化，做出了重要贡献。

（四）我国为共建清洁美丽世界做出重要贡献

我国新能源产业丰富了全球供给，积极贡献于全球能源转型。近年来，我国向全球提供优质的清洁能源产品和服务，持续加大科技创新力度，不断推动新能源技术快速迭代，有力促进全球风电、光伏发电成本大幅下降。同时，在可再生能源的产品出口、海外投资等多方面持续推动国际合作。我国风电、光伏产品已经出口到全球 200 多个国家和地区，累计出口额分别超过 334 亿美元和 2453 亿美元，并与全球 100 多个国家和地区开展绿色能源项目合作，对共建“一带一路”国家的绿色低碳能源投资已经超过传统能源。据国际机构不完全数据统计，2015—2023 年，我国企业在风电、光伏和水电等清洁能源领域投资规模超 300 亿美元，投资目的地遍布全球主要国家和地区。2023 年出口风电、光伏产品助力其他国家减排二氧化碳约 8.1 亿吨，为全球应对气候变化和绿色转型做出了突出贡献。

二、我国能源体系变革面临的挑战

（一）能源供需时空矛盾加剧，对能源保供提出更高要求

现代化驱动能源需求维持稳步增长趋势，新型负荷导致尖峰负荷特征日益凸显。供给侧新能源发电和需求侧各类负荷的波动性和时空矛盾加剧，也对系统优化调节、技术创新升级、市场建设提出新要求。国内能源供给区与消费区空间错位，能源资源与负荷中心逆向分布，资源匮乏且负荷较高地区高峰时段可能出现供应紧张问题。新能源大规模发展仍面临土地等要素保障不够、消纳能力不足、储调资源短缺等诸多制约。

（二）能源转型系统成本短期增加，合理分担难度大

虽然技术进步使新能源发电度电成本持续快速下降，但新能源发电的波动性、随机性特征增加了灵活性调节资源的需求，加之新能源大基地发电量又需要电网长距离输送和消纳，电力系统成本保持增长态势。当前，风电和光伏发电的比重已超过 13%，电力系统成本正进入快速增长临界点。另外，全球传统化石能源退出预期强烈，我国能源企业投资煤炭、煤电的积极性显著下降，供应偏紧格局将持续存在，加之碳定价机制稳步推进，化石能源也面临成本高企趋势。我国能源电力价格形成机制复杂，多种机制混合并存。如何真正让能源电力产供储销各环节众多经营主体和广大终端用户承担应尽的责任、分担相应的成本，涉及更深层次的能源电力市场体系和价格机制的改革，难度依然很大。

（三）能源产业格局调整加速，亟待统筹产业和经济转型

我国长期产业结构偏重、能源结构偏煤，许多地区长期依赖传统资源开采转化，产业转型和创新动力不足，导致资源耗竭、经济衰退和社会不稳定风险加大。随着资源型主导产业向技术主导型产业转型，能源资源输出和输入流向变化、地区/国家的经济转型、重大生产力布局和区域经济协同发展等面临的挑战日益突出。另外，由于锂、钴、镍等新型关键原材料需求增加，致使资源保障和价格风险增加，对现代能源产业系统的支撑能力不足。

（四）能源市场竞争不充分，行政性垄断和市场分割相互交织

我国97%以上的商品和服务价格已由市场形成，能源领域是为数不多的尚未完全实现市场化的领域之一，行政性垄断、地方保护与市场分割仍不同程度地存在于能源市场中并相互交织。市场准入、公平竞争等能源市场基础制度尚未实现全国统一，社会资本进入还面临一些现实困难，特别是分布式能源、电动车、储能等面向新型电力系统的主体进入市场还存在体制机制障碍。市场结构不尽合理，竞争性环节的市场化改革有待进一步深化。电力领域辅助服务、期货期权等市场尚未完全建立，油气领域成品油、天然气等期货市场尚未建立。煤炭、电力、油气等市场基础设施建设尚不满足交易需求，有需求但难交易的现象时有发生。市场价格改革虽有较大进步但尚未实现根本性突破，价格完全由供需决定的体制机制尚未完全建立，自然垄断环节监管成本和价格核定精细化程度不足。能源市场与碳排放权、用能权、排污权等资源环境要素市场的衔接耦合亟待加强，特别是电、碳价格传导机制亟须完善。

（五）能源治理体系和治理能力薄弱，分业监管不适应融合发展新业态

能源法律法规体系不完整不健全，法律法规制修订滞后于能源发展改革进程，执法不严和选择性执法等现象时有发生。能源综合管理、专业监管、系统规划依然薄弱，不能及时跟进技术和业态创新，存在“碎片化”“本位化”特征，不适应能源系统一体化、融合化、互动化等新特征。国

企改革和民营经济发展壮大有待深化，能源领域反垄断与公平竞争政策成效偏弱。能源管网经营企业在具有网络外部性的环节垄断经营，利用市场优势地位在竞争性环节开展经营活动。能源公共服务和普遍服务范围有待拓展，水平仍待提升。农村地区、西部地区能源基础设施仍然薄弱或落后，涉及民生的能源基础设施仍有很多短板。与新型能源体系协调配套的标准体系、统计体系、计量体系等建设有待加强，煤电油气及相关装备等传统领域的标准有待升级和优化，智慧能源、能源互联网、风电、太阳能、地热能、生物质能、新型储能、氢能等新兴领域的标准建设亟待提速。

三、我国推进能源体系变革的优势

（一）集中力量举国体制的制度优势

中国特色社会主义制度是具有鲜明中国特色、明显制度优势、强大自我完善能力的先进制度，集中体现了中国特色社会主义的特点和优势。一方面，我国的制度是充分反映人民意志的，可以有效避免西方国家党派纷争、利益集团偏私、政府行为短期化等问题，能够广泛获得广大人民的拥护支持。当前，推进经济社会全面绿色转型已成为全社会的普遍共识，为推进能源转型提供了强有力的思想保障。另一方面，我国的制度能够保证国家机关高效协调运转，可以实现集中力量办大事，显著提升国家治理效能。能源体系变革面临诸多挑战，无法单独依靠市场力量或依靠某个地区、企业来解决，只有在中国特色社会主义制度下，更好地发挥政府作用，举全国之力，依托新型举国体制，才能顺利实现既定目标。

（二）持续升级的制造业体系为新型能源体系建设提供了强大产业支持

我国制造业整体实力持续提升。制造业体系完备，是唯一拥有联合国产业分类中所列全部工业门类的国家，有 220 多种工业产品产量居全球第一位。2023 年，我国全部工业增加值达到 39.9 万亿元，制造业总体规模连续 14 年居世界第一。我国制造业产业结构加快升级，2023 年我国高技术制造业、装备制造业增加值占规模以上工业增加值比重分别达到 15.7%、33.6%，分别比 2014 年提高 5.1 个百分点和 3.2 个百分点。我国制造业数字化转型全面提速，重点工业企业数字化研发设计工具普及率达 80.1%，关键工序数控化率达 62.9%。我国部分低碳发展关键产业进入世界前列，形成了明显的先发优势和规模优势。2023 年，我国新能源汽车保有量达到 2041 万辆，占全球一半以上；累计建成充电基础设施 859.6 万台，数量居全球之首；我国光伏发电新增装机容量与累计装机容量持续多年居全球首位；中国制造"新三样"——电动载人汽车、锂离子蓄电池和太阳能蓄电池，合计出口额首次突破万亿元，成为中国制造的新名片。

（三）超大市场规模优势提供了广阔的需求空间

改革开放 40 多年来，伴随经济的快速发展，我国逐渐形成了超过 4 亿人的超大规模中等收入群体，拥有着全球最具成长性的消费市场。目前，我国已全面建成小康社会，绿色低碳理念深入人心，人民群众对美好生活的向往日益增长，绿色建筑、清洁取暖、高效制冷、电动汽车、智能家电等绿色低碳需求已成为居民消费升级的重要内容。然而，当前我国仍有 30%以上的建筑为不节能建筑，绿色建筑面积占比不到 20%，电动汽车占汽车保有总量的比重不到 10%，意味着我国未来仍有巨大的绿色低碳产品消费需求和市场空间。庞大的市场需求，将对产业体系构建、生产规模扩大、规模效益提升产生促进作用，并形成"需求促进产业，产业推动需求"的正向循环。

参考文献

[1]《中国的能源转型》白皮书[N]. https://www.nea.gov.cn/2024-08/29/c_ 1310785406.htm

[2]丁仲礼. 全国人民代表大会常务委员会执法检查组关于检查《中华

人民共和国可再生能源法》实施情况的报告——2019 年 12 月 24 日在第十三届全国人民代表大会常务委员会第十五次会议上．中国人大，2020.

[3]谷立静，裴庆冰，白泉．能源效率稳步提升　节能降碳成效显著[J]．中国能源，2024，46(3)：11-17.

[4]国家能源局．国家能源局 2024 年一季度新闻发布会文字实录. 2024 年 1 月 25 日．https：//mp. weixin. qq. com/s/UI_ aFJPrQlleFoedN4UBIg.

[5]何则，赵勇强．可再生能源发展引领能源供给革命[J]．中国能源，2024，46(3)：26-37.

[6]吕文斌，何则．以能源绿色发展助推经济高质量发展[N]．光明日报．

[7]吕文斌，何则．因地制宜优化新能源布局[N]．经济日报．

[8]邱辰．新形势下新能源发电经济性影响因素分析[J]．水力发电，2023，49(2)：96-99.

[9]求是网．习近平：高举中国特色社会主义伟大旗帜　为全面建设社会主义现代化国家而团结奋斗——在中国共产党第二十次全国代表大会上的报告[EB/OL]．2022 年 10 月 25 日．http：//www. qstheory. cn/yaowen/2022-10/25/c_ 1129079926. htm

[10]伍梦尧．《可再生能源行业十年高质量发展成就综述》书写能源绿色发展的时代答卷[N]．中国电力报．https：//news. bjx. com. cn/html/20221021/1262950. shtml

[11]杨晶，王嘉懿．油气行业多重突破　推进能源安全新战略[J]．中国能源，2024，46(03)：47-55.

[12]姚金楠．“一带一路”能源合作　成果实打实、沉甸甸[N]．中国能源报，2023. 07. 03.

[13]张锐．中国“风光”激发全球绿色动能[N]．光明日报．2024-3-20.

[14]章建华．高质量推进能源扶贫工作[J]．中国石油企业，2020，(7)：13-14.

[15]中国可再生能源学会风能专业委员会．全球海上风电产业链发展

报告[N]. 2024.

[16]中国政府网. 习近平在中共中央政治局第十二次集体学习时强调：大力推动我国新能源高质量发展　为共建清洁美丽世界作出更大贡献[EB/OL]. 2024年3月1日. https://www.gov.cn/yaowen/liebiao/202403/content_6935251.htm.

第四章

新型能源体系的内涵特征和发展思路

内容摘要：新型能源体系的本质要求就是要实现能源绿色、安全、经济的更高水平统一，从资源驱动为主转变为科技驱动为主，从资源成本考量为主转变为环境可持续性为主，从能源生产供应侧主导转变为能源与各终端部门深度融合互动，从而使能源的全社会成本更低、生态环境更友好、系统安全韧性水平更高。围绕中国式现代化目标，我国应推动能源消费、供给、产业、市场和治理的系统性变革，打造清洁低碳、安全韧性、灵活智能、经济高效、普惠共享的新型能源体系，实现能源结构新、系统形态新、产业体系新、治理体系新的新型能源体系建设目标。

一、新型能源体系的内涵特征

（一）新型能源体系的本质要求是实现绿色、安全、经济有效统一

长期以来，能源发展存在支撑经济发展、服务民生需要和保护生态环境之间的选择和权衡，导致三者难以兼顾，能源的经济性、安全性和绿色性一直被认为是“不可能三角”。

但是，随着技术进步和发展模式转变，能源产业将从资源驱动为主转变为科技驱动为主，从资源成本考量为主转变为环境可持续性为主，从能源生产供应侧主导转变为能源与各终端部门深度融合互动，从而使能源的全社会成本更低、生态环境更友好、系统安全韧性水平更高。

新型能源体系的本质要求就是要实现能源绿色、安全、经济的更高水平统一。要通过新型能源体系的逐步建成，协同推动经济高质量发展和平稳运行，民生用能服务质量持续提升，美丽中国和碳达峰碳中和目标实现，从而将所谓“不可能三角”变为“包容性三角”。

（二）新型能源体系的主要特征是清洁低碳、安全韧性、灵活智能、经济高效、普惠共享

1. 清洁低碳是总体方向

未来，随着非化石能源开发利用技术的进步，能源将更多来自太阳能、风能、生物质能和水能等可再生资源以及核能。我国已提出到2060年非化石能源占能源结构的比重达到80%的目标。届时，我国将逆转当前能源结构，建成以清洁低碳能源为主的新型能源体系。

2. 安全韧性是根本底线

保障能源安全是能源发展的根本前提，但化石能源的资源稀缺性和可

耗竭性决定了完全自主保障能源安全始终面临挑战。未来，必须在大力发展可再生能源的同时，着力提高可再生能源自身可靠支撑能力、促进多尺度储能协同运行、发挥化石能源的兜底保障功能、做好应急防控体系建设，把新型能源体系建设成为本质安全、富有韧性的能源系统。

3. 灵活智能是普遍要求

互联网、大数据、人工智能等现代信息技术与能源产业深度融合，将推动能源系统由供应单向调节向智能灵活调节、供需实时互动转变。综合能源服务、智慧用能模式的大规模应用，将使得能源需求侧信息及时向供应侧动态反馈，带来多重效益，既有助于能源供需高水平平衡，又能助推能源供给体系优化，还能使能源系统效率大幅提升。

4. 经济高效是价值所在

经济性和高效性既是能源发展的生命线，也是能源市场的导向。未来，在新型能源体系建设过程中，必须发挥市场配置资源的决定性作用，以技术创新和市场竞争驱动成本下降、系统优化、提质增效，大幅降低各类技术成本、要素成本以及行政垄断等制度成本，尽可能避免能源转型成本的增加。

5. 普惠共享是本质体现

在以人民为中心的发展思想指导下，我国不断提高能源可及性和普遍服务水平。未来，伴随着智能灵活技术的进步，个性化、优质化的能源服务还将进一步提升，分布式能源将广泛发展，能源产业有望成为惠民富民的重要产业，成为推动全体人民共同富裕的重要支撑。

（三）新型能源体系的具体体现是能源消费、供给、产业、市场和治理的系统性变革

构建新型能源体系，就是要围绕实现能源绿色、安全、经济的更高水平统一，推动能源消费、供给、产业、市场和治理的系统性变革。

形成以电力为中心、各类终端能源互补联动的能源消费新体系。电力将在工业、建筑和交通等诸多领域更高比例、更大规模地使用，成为最主

要的终端能源品种。电力将与油、气、热、氢等一起，多能互补、协同联动，共同保障经济需要和民生需求。

形成以新能源为主体、各类能源优化组合的能源供给新体系。太阳能、风能、生物质能和水能等可再生能源及核能开发利用规模将大幅提高，逐步成为能源供应主体。煤炭、石油、天然气等化石能源定位将不断发生改变，通过与新能源优化组合，共同夯实能源体系基础。

形成以创新驱动为根本、竞争力不断提升的能源产业新体系。能源消费和供给体系的变化，将引发对能源领域关键核心技术和装备的迫切需求。要着力增强能源科技创新能力，推动绿色低碳技术重大突破，加快能源全产业链数字化智能化升级，提升能源产业链现代化水平。

形成以数字化智能化技术为支撑、开放竞争的能源市场新体系。先进数字智能信息技术在能源体系中广泛应用，将促进能源产供储销（用）系统在各环节实现数字化、智慧化升级。能源系统将由供应单向调节向智能灵活调节、供需实时互动转变，推动能源各环节各经营主体在海量复杂的数据和信息下精准决策，实现能源体系的整体优化。

形成以维护市场公平开放为导向、政府管理积极有为的能源治理新体系。政府管理要与能源市场体系建设要求相适应，发挥有为政府作用，一方面完善政府宏观管理职能，努力破除既有能源体制机制障碍，加快构建、制定与新型能源体系相适应的新体制、新机制和新政策；另一方面做好市场监管，维护市场的高效规范、公平竞争和充分开放。

二、新型能源体系的建设目标

（一）总体发展目标

围绕中国式现代化目标，打造清洁低碳、安全韧性、灵活智能、经济高效、普惠共享的新型能源体系，实现能源结构新、系统形态新、产业体系新、治理体系新，促进能源绿色、安全、经济有机统一，使能源对国民经济社会发展的支撑作用更强，新型能源产业在现代经济体系中的支柱地位更高，能源安全新格局对构建新发展格局的保障更加有力。

能源结构新。煤炭比重持续下降，从基础性能源逐步转变为兜底能源，确保近期兜得住、中期转得稳、远期降得快。石油、天然气先后达峰并稳步下降，从燃料为主逐步转向燃料、原料并重，远期实现原料为主。水电比重保持稳定，从主力电源转向最主要调节电源。风电、光伏等新能源比重快速上升，逐步从补充能源转向主导能源，从适应电网转向支撑电网、构建电网。电力系统从单一品种供应系统转变为能源转换利用和输送配置的枢纽平台，引领电热氢系统耦合发展。热力和氢能逐步实现清洁低碳生产，同时从终端能源品种转变为灵活负荷和负荷调节性能源，发挥低成本长周期储能作用。

系统形态新。新型能源体系将在现有能源体系上不断升级演进和变革重塑，与建筑、交通、工业等终端部门深度融合互动，逐步构建起新型电力系统，氢能、热能等新的二次能源系统以及化石能源零碳化利用系统，使多能互补、源网荷储一体化、供需高效互动等成为普遍形态，使能源生产消费格局和空间布局实现优化。

产业体系新。新型能源体系催生新技术、新产业、新模式，低碳零碳负碳技术装备大规模推广应用，新能源等战略性新兴产业发展成为新的增长引擎，新一代信息技术、人工智能等与能源系统深度融合，数字能源产业发展壮大，新型主体不断涌现，推动经营主体加快多元化发展。

治理体系新。新型能源体系将催生与新技术、新业态、新模式和现代化强国相适应的能源治理体系，法律法规政策体系更加健全完善，体制机制更加高效有活力，各种要素资源实现高效配置，各类经营主体创新动力和能力明显提高。

（二）阶段发展目标

2030 年：新型能源体系初具规模，有效保障碳达峰如期实现。到 2030 年，非化石能源占能源消费比重超过 25%，全面转入对化石能源存量替代，电能占终端能源消费比重超过 1/3。能源安全保障能力显著提升，重点耗能行业能源利用效率达到国际先进水平，现代能源产业体系基本形成，新型电力系统建设取得实质性成效，能源科技创新能力持续提升，新型零碳负碳技术规模化示范应用，有效保障二氧化碳排放达峰目标实现。

2035年：新型能源体系初步形成，有力保障基本实现现代化。到2035年，非化石能源占能源消费比重超过30%，电能占终端能源消费比重超过40%。新型电力系统初步建成，能源产业实现高水平自立自强，能源科技水平达到世界一流，能源安全得到高水平保障，绿色、经济、安全的协同性更强，有力支撑基本实现社会主义现代化。

2050年：新型能源体系全面建成，有力支撑现代化强国。到21世纪中叶，非化石能源占能源消费比重超过70%，电能占终端能源消费比重超过50%。新型电力系统全面建成，电力系统率先实现碳中和；能源产业实现高水平自立自强，能源科技水平稳居世界领先行列，能源安全得到全方位保障，全面建成能源强国，有力支撑社会主义现代化强国目标实现。

2060年：新型能源体系更高水平发展，有力保障实现碳中和。到2060年，新型能源体系实现更高水平发展，非化石能源占能源消费比重超过90%，电能占终端能源消费比重超过60%，氢能占终端能源消费比重超过10%，碳捕集、利用与封存技术在难以电氢化、难以脱碳的剩余领域实现成熟应用，零碳能源体系全面融入生产、生活和生态空间，有力保障全面实现碳中和。

三、新型能源体系的发展思路

（一）推动能源生产消费方式绿色转型

以能源消费绿色电氢化引领能源发展绿色低碳化，推动能源生产消费方式绿色转型；大力发展非化石能源，推动化石能源清洁高效利用；推进终端用能清洁化低碳化，加快主体能源由化石向非化石转变。

（二）发展新型能源产业体系

以能源装备制造业为核心，发展全产业链协同创新的新型能源产业体系；加强战略性前瞻性重大科技攻关，建设韧性强的能源供应链；推动现代信息技术和能源产业深度融合，形成现代化的能源产业体系。

（三）构建新型能源体系核心枢纽平台

以新型电力系统构建新型能源体系的核心枢纽平台，促进电热氢系统耦合发展，持续增强各类新能源生产供给和系统储备调节能力；加快构建智慧能源系统，强化跨区域输送和区域自主平衡并重，推动供用能模式向多能互补、源网荷储一体化等转变。

（四）健全能源要素市场化配置体系

以全国统一、开放竞争的新型能源市场体系为动力，健全能源要素市场化配置体系，激发各种新模式新业态发展活力，促进能源高质量发展。

（五）持续完善能源治理机制

以持续完善能源治理机制为目标，更好发挥政府在综合管理、专业监管、公共服务等方面的作用，为新型能源体系保驾护航，加快形成适应新型能源体系的制度保障。

四、新型能源体系建设的重点任务

（一）推动能源消费绿色高效电氢化

坚持节能优先，进一步提升能源利用效率。推进制造业内部产业结构升级，严格控制“两高”项目盲目发展，控制高耗能产业规模，推进再生工艺应用。规模化发展超低能耗、近零能耗等建筑，实施既有建筑深度节能低碳改造。优化交通运输结构，深入实施公交优先战略，提高交通运输工具效率。

合理把握节奏，持续提高终端用能电气化水平。结合电力系统低碳化进程，推进终端用能电气化。加快发展用电比例高的行业和工艺流程，推进用热系统电气化。推进采暖、炊事、生活热水用能电气化，示范推广“光储直柔”建筑。大力推广电动汽车，继续实施铁路电气化改造和港口岸电设施建设。

统筹谋划，推进氢能多元化应用。推进氢能炼钢、绿氢替代灰氢、以氢固碳等原料替代工业项目，有序开展氢能或天然气掺氢替代工业燃料。

发展绿氢、绿氨、绿醇等低碳零碳燃料，逐步替代重载卡车、远洋船舶、航空航天等领域的化石能源。发挥氢能在新型电力系统中的储能调峰作用，因地制宜推动建筑等领域氢能应用。

多措并举，构建零碳供热体系。整合工业余热和各类可再生能源，建设低温供暖系统，开展供热管网节能和智能化改造。因地制宜，科学选择供热方式。研发推广工业用热深度减碳解决方案。推进热电协同，大力发展各类储热设备和系统。完善热价、热费结算、热电协调等方面的政策机制。

创新模式，强化能源供需互动。推动电动汽车为电网提供调频和旋转备用服务，以及与可再生能源微电网相结合。加快开展工业可调节负荷、建筑空调负荷、大数据中心负荷、用户侧储能、电动汽车等各类资源聚合的虚拟电厂示范。

（二）加快构建新型电力系统

全方位发展新能源。坚持集中式开发与分布式利用相结合，大力建设西部风光水/热互补清洁能源基地和东部海上风电基地，全面推广普及城乡分布式光伏和分散式风电，推动风电、光伏等具有资源和成本优势的新能源成为主体电源。

做好煤电有序转型。高度重视煤电作为近中期新型电力系统调节能力主力作用，做好新增煤电的发电量控制工作，增装机不增煤电发电总量，探索建立煤电“封存”机制，避免煤电资产沉没，深入研究煤电 CCUS 耦合应用，做好技术储备。

全链条发展灵活资源。煤电机组逐步向系统灵活性电源转型，燃气机组保障电力系统转型的平稳过渡，核电作为重要战略储备，各类储能技术成为中远期新型电力系统的关键支撑，抽水蓄能和新能源协同开发。推动储能在中长期成为主力灵活性来源，发挥其在发电侧、电网侧、用户侧市场潜力。

构建输配电网发展新格局。电网规划要全国一盘棋，全面建成从省内优先平衡到区域协调平衡，再到全国平衡的逐层全国联网体系，形成“西电东送、东电西济，北电南送、南北互供”电网格局。全面升级配电网，推广主动配电网技术，支持大面积接入分布式发电、储能和电动汽车，形成多种分布式能源综合协同、绿色低碳、智慧互动的供能模式。

推动系统智能化发展。推动电力需求侧管理监测、控制等相关装备关键技术、信息通信技术及调控互动技术的研发，加大开展工业、交通、建筑和商业领域电力需求侧管理力度。建设智能电动汽车充电基础设施体系。

以电力系统作为平台枢纽，引领电氢热多系统耦合。以电力系统作为多能融合协同平台，开展电氢、电热协同顶层设计，发挥电制氢、电供热灵活调节和长时储能潜力，构建协同互补的电—氢—热网基础设施网络。

（三）提升能源系统韧性保障安全

健全能源安全保障责任体系。中央做好战略安全统筹及跨部门跨区域协调，强化地方政府和能源基地责任，规范完善能源合同制定、履约信用评价体系，督促企业承担必要的社会责任，增强战略风险防控化解能力，打造能源安全综合保障体系。

着力完善能源预测预警机制。充分利用现代信息技术，全面整合煤炭、电力、石油和天然气等各领域各层级数据。建立涵盖气象、水利、地质等部门的信息共享与联合应对体系，有效提升数据的准确性和完备性。建立全国综合性能源安全预测预警平台，全面提升能源安全预测预警研判能力。

强化完善能源储备调峰体系。加强传统化石能源资源储备体系“分层功能”建设，着力提升常态市场话语权和极端条件下风险应对能力。提前谋划好钴、锂、镍等金属矿产资源的全球产业链合作布局。推进各类电力储能设施建设，发挥需求侧削峰填谷积极性，着力提升电力系统灵活调节能力。

加快健全能源应急管理体系。坚持底线思维、强化危机意识，完善极端情况下能源供应应急预案和应急状态下的协同调控机制，建立健全应急管理启动及分类分级制度、应急操作流程制度、应急管理效果评估制度，提升能源系统“事后恢复”能力。

（四）建设创新引领的现代能源产业体系

加快发展新型能源产业。提升新型能源装备产业战略定位，提升产业链供应链的韧性和安全水平。加快能源装备产业数字化智能化升级，推动能源技术与现代信息、新材料、先进制造技术深度融合。培育新兴经营主体，加强产业模式创新。

推动传统能源产业经济转型。煤炭持续减量替代，煤炭利用向石墨烯、碳纤维等新型化工领域集中。推动石油需求尽早达峰并稳步下降，促进天然气高效、经济、优化发展，引导化工领域低碳转型，发展氢基化工、二氧化碳制化工原料技术。推进化石能源富集区低碳转型。

提升能源装备产业链现代化水平。加强装备产业协同，降低对外依存度，重点发力技术自立自强，解决能源领域的“卡脖子”技术，以及核心元器件、高端原材料、基础工艺等制造业关键环节存在的问题，超前规划布局前沿关键技术和装备，全面提升能源产业基础高级化和产业链现代化水平。

继续扩大能源国际合作。加强全球能源装备产业领域合作，支持中国能源装备制造业全球化布局，吸引全球领先企业在中国投资，开展技术、标准、检测和认证合作。

（五）以电力市场为核心加快健全新型能源市场体系

打造公平开放的电力市场竞争平台。重构电网组织模式，探索产权分离等电网“输配分开”模式，建立公平开放竞争的电网平台。建立公共服务型的输电企业，为各类型配售电企业提供公平无歧视接入服务。创建兜底型的配电企业，为电力用户和分布式能源公平无歧视接入服务。推动配电网“网运分离”，建立电力购售市场竞争格局。

建立适应高比例新能源的新型电力市场体系。以现货市场为关键，建立有利于新能源优先利用和跨区交易的全国统一电力市场体系，实现国家市场、省（区、市）/区域电力市场等各层次市场的相互耦合。健全辅助服务交易品种，建立容量市场机制，完善新能源参与市场机制，探索建立适应分布式能源需求的配电网层面电力市场。

健全煤炭油气等燃料市场体系。加强煤炭交易市场体系的统一布局，明确各种类、各层次市场的功能定位，完善价格形成机制和价格指数体系。以公平准入为重点深化油气市场改革，完善并有序放开油气勘查开采体制，开放全国的油气技术服务市场。实行油气勘查区块竞争出让制度。

加强能源市场与资源环境要素市场协调。稳步推进全国碳排放权交易市场建设，完善碳排放权初始分配制度和有偿取得机制，探索全国市场与国际市场衔接的有效方式。以“双碳”目标为引领，稳步推进全国碳排放权、用能权等资源环境要素市场建设，健全多层次要素市场体系。加强电力市场、绿证绿电市场、碳市场衔接协调，建立健全碳价到能源价格乃至其他价格的传导机制。加快健全支持绿色发展的价格机制，进一步完善促进绿色产业、绿色科技、绿色消费发展的财政激励和税收优惠政策。

（六）健全多能协同的能源治理

健全能源法治体系。统筹推进电力法、可再生能源法等法律法规修订与配套规章立改废。严格执法和反垄断审查，加强管网公平开放等环节的执法力度。加强能源和国土资源、生态环保、要素配置、碳减排等相关法律法规协调。

建立能源科学管理框架和模式。进一步健全战略引领、规划引导、政策落地、标准规范、统筹协调的能源科学管理模式。优化能源战略规划体系、动态评估和调整机制，健全多部门沟通协调机制。及时跟进技术产业变革，完善能源产业政策体系，加强对新型储能、氢能、能源数字化等新业态新模式的支持。

构建新型能源监管方式和协同监管机制。突出系统性和综合性，健全能源市场监管体系框架，加强跨部门跨领域综合执法，逐步向综合能源监管转型。以绿色低碳为导向，加强能源领域专项监管和重点监管，强化对“双碳”目标下规划、政策、方案执行的监管。服务“三新”经济，加强包容审慎监管、敏捷监管。加强反垄断和反不正当竞争，持续优化公平竞争的市场环境。

协同推进市场化改革和企业改革。深化电力、油气市场准入开放和市场化改革。加快创建一批世界一流能源企业，鼓励各地聚焦本地特色优势的能源细分领域，实施优质中小企业培育工程。综合完善产权保护、公平竞争、社会信用等市场基础制度，加快营造稳定、公平、透明、可预期的营商环境。充分释放超大规模市场潜力，更大力度激发能源市场中各类经营主体活力。

提高能源公共服务和普遍服务水平。构建政府主导、社会参与、广泛支撑、高质高效的能源公共服务体系。完善能源领域标准体系，加快推动电力、油气等重点领域改革任务相应标准制定进程。以补齐能源基础设施短板、开展能源惠民利民工程为重点，进一步提升能源普遍服务水平。

五、新型能源体系建设的重要支撑体系

（一）强化科技创新支撑体系

发挥新型举国体制优势，按照“揭榜挂帅”的原则确定重大科技项目。建立健全能源科技创新平台体系，研发可再生能源先进发电、先进核能系统关键核心技术、先进电网技术、综合利用技术。建立促进创新的数字化智能化体系、标准规范体系。

（二）构建包容性国土空间规划体系

精准对接能源开发与区域发展战略，优化能源重大生产力、产业转移和生态环境保护协同布局。重点推进西部清洁能源基地绿色高效开发，加快推进重点城市群地区能源绿色低碳转型。系统推进资源详查、评估和落地工作，加快将可再生能源纳入国土空间规划“一张图”的进程。

（三）建设数据基础设施支撑应用体系

完善新型能源数字基础设施建设，为能源行业提供标准、开放、便捷的感知接入、应用构建、运行管控、边缘智能和数据共享服务。打造能源数字化价值创造体系，构建开放、合作、共赢的智慧能源服务生态圈。积极审慎推进能源数据适当适度开放，挖掘释放能源新型产品服务

新价值。

（四）完善高水平开放合作体系

建立开放型能源经济体系，积极融入并引领全球清洁能源技术创新网络，积极建设“一带一路”能源合作伙伴关系，共建联合实验室或研发中心，推动我国自主优势清洁能源技术与产业输出。维护全球产业链供应链，推进新型全球能源治理。

第五章

新型能源体系建设的路径分析

内容摘要：面向碳达峰碳中和目标，为系统分析新型能源体系的实现路径，本章采用了国家发展改革委能源研究所建立的中国能源系统分析决策框架和模型系统，基于全社会效益最大化原则，综合考虑宏观经济、人口、政策、碳价等因素，开展了基准情景和碳中和情景分析。结果显示，碳中和目标引领能源结构革命性转变，实现碳中和目标的过程中可开创绿色低碳增长新路径，终端能源消费从“电气化”迈向“电氢化”，电力系统将全面转向风光等可再生能源电力。中国能源转型在为社会经济及环境发展提供安全高效的能源保障的同时，与产业升级互相促进，推动经济增长、质量提升和能源清洁低碳化发展。中国实现碳中和需要创造历史性的减排幅度，因此需要采取全球最先进的清洁能源技术，并持续进行技术创新和加大政策实施力度。随着电力系统中高比例可再生能源成为主流，多种电力灵活性技术、热泵与电锅炉技术、氢能技术需要加速发展。但同时，在技术创新和CCS应用方面，也存在一定的不确定性。

我国应当采取什么样的路径来实现碳达峰碳中和目标？实现这一目标的过程中能源体系将发生怎样的转变？如何统筹处理好推动能源转型和保障能源安全的关系？回答这一系列问题需要进行系统、科学的探索。为此，我们通过设置基准情景和碳中和情景，借助能源系统分析决策框架和模型系统，开展了碳中和目标下建设新型能源体系路径的量化模拟研究。

一、分析决策框架与模型系统

基于全社会效益最大化准则，结合技术经济评价、能源系统优化、政策措施及经济社会评价、能源外部性分析等，国家发展改革委能源研究所建立了我国能源系统分析决策框架（见图 5-1）和模型系统（见图 5-2），实现了多个模型的有机连接。该能源系统主要由三大核心模型组成：一是“中国终端能源需求分析模型”（ERI-DEMAND），即自下而上地推演未来我国不同部门和行业终端能源消费情况；二是“中国电力部署优化模型”（ERI-EDO），可实现我国省级电力和集中供热的部署分析；三是“中国经济社会评价模型”（ERI-CGE），能分析我国能源发展对经济社会的影响。该模型系统高度整合了决策支持和数据信息分析，注重政策研究的及时性、便利性和全面性，为政策研究提供了有力支撑。

面向碳达峰碳中和目标，本部分首先对各类能源技术发展进行技术经济评价，利用 ERI-DEMAND 模型计算我国终端能源需求，提出我国 2060 年能源低碳发展路径选择和重点方向；其次将 ERI-DEMAND 模型输出的电力及区域供热需求结果导入 ERI-EDO 模型，进而分析我国电力结构变化趋势和布局方案；最后，将 ERI-EDO 模型计算的发电量作为 ERI-CGE 模型的目标生产量，将 ERI-EDO 模型优化得到的可再生能源投资和装机容量数据输入 ERI-CGE 模型作为资本输入，进而分析能源系统变化带来的经济社会影响，同时也进一步将各终端用能部门活动强度等数据反馈给 ERI-DEMAND 模型。下文将详细介绍各模型情况和情景设置的主要考虑。

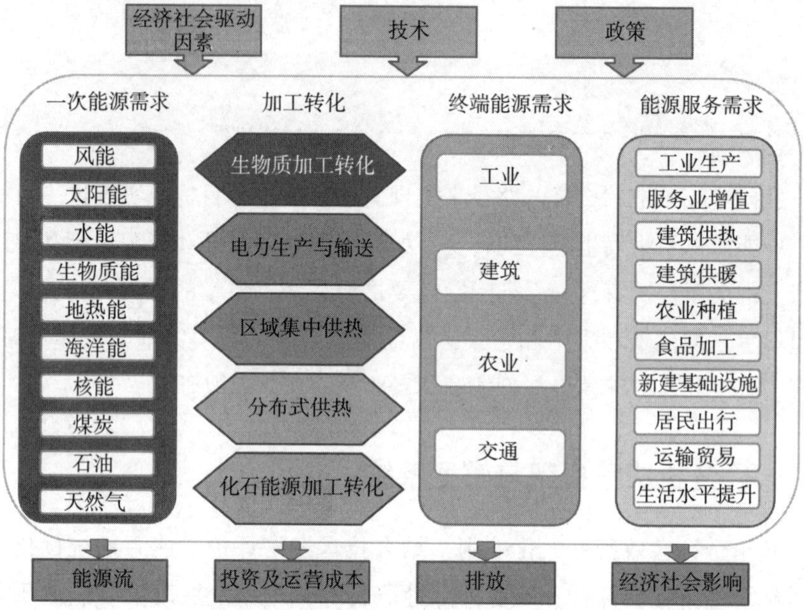

图 5-1　我国能源系统分析决策框架

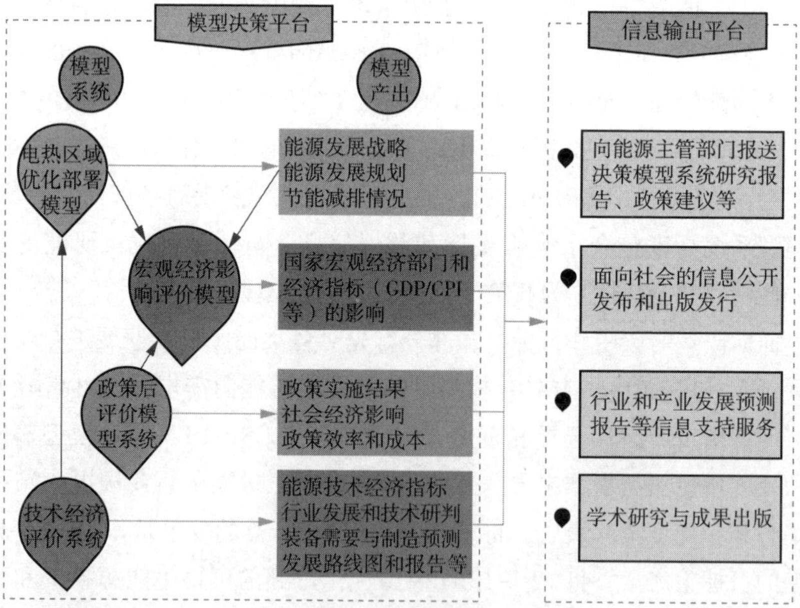

图 5-2　我国能源系统模型系统

（一）中国终端能源需求分析模型

中国终端能源需求分析模型（ERI-DEMAND）包含终端能源需求预测模块与能源加工转换预测模块（见图 5-3）。在终端能源需求预测模块中，基于工业、建筑、交通等行业用能特性及人口、城镇化等情景设定的考虑，将终端用能部门主要划分为工业用能、居民用能、建筑业用能、交通运输及仓储邮政业用能、商业及其他用能；各部门又划分为不同种类、不同级别的多个子部门，图 5-4 显示了工业部门终端能源需求模型框架，其他各部门也均具有类似的详尽子部门划分。此外，由于能源资源开发、加工和转化过程也消耗大量能量，除了分析所有终端能源消费，模型还针对能源加工转换部门分析了煤开采、石油开采、天然气开采、煤气化、煤液化、焦炭、炼油、乙醇、生物柴油和制氢的能源消耗。通过对终端部门用能和加工转换耗能的预测，加总计算得到一次能源消费总量。

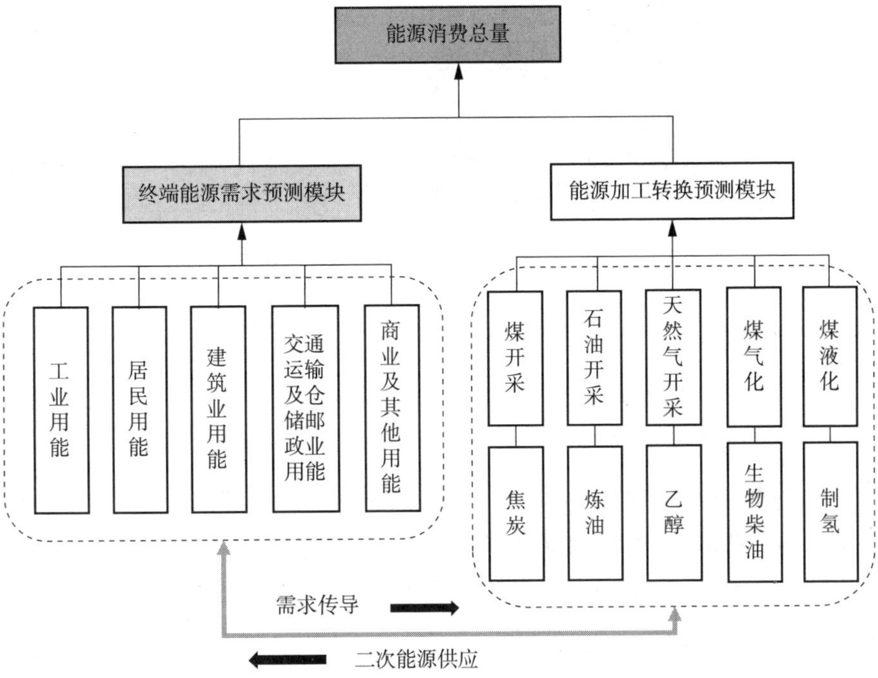

图 5-3　中国终端能源需求分析模型

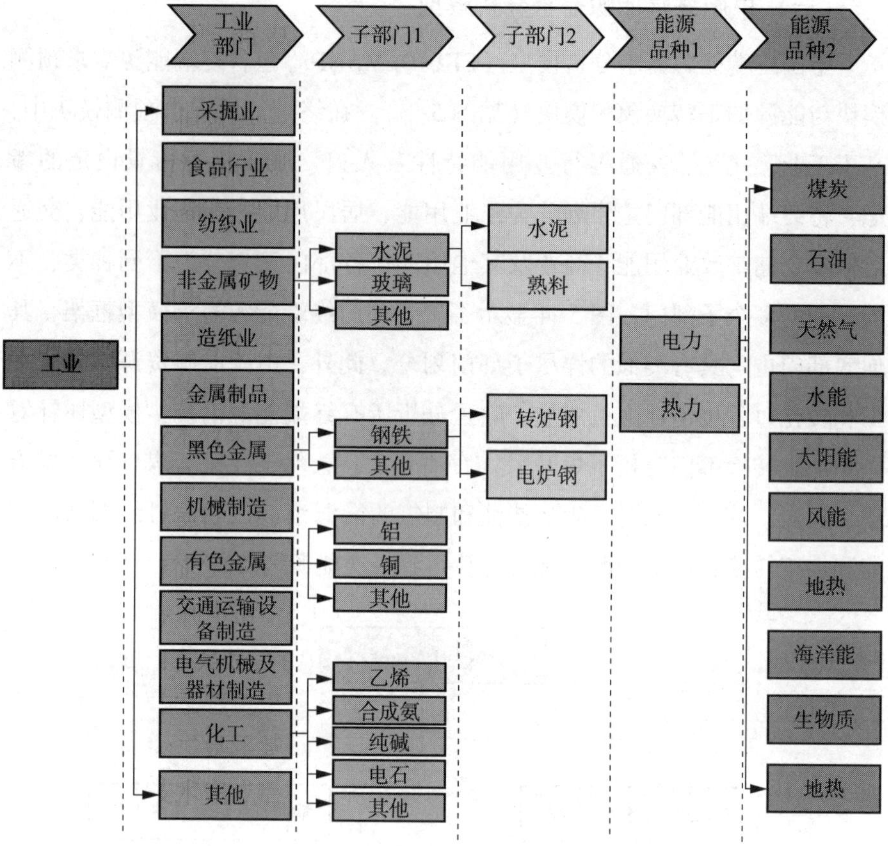

图 5-4 工业部门终端能源需求模型框架

（二）中国电力部署优化模型

中国电力部署优化模型（ERI-EDO）以整个规划期的社会总投入最小为目标，系统考虑了包含电源侧各类电源品种、电网侧跨省跨区输电通道、需求侧管理以及储能等电力系统主要资源，不仅涵盖了我国全部省、自治区和直辖市，而且将电力规划与生产模拟有机结合，将电力生产与集中供热联合优化，能够全面反映未来电力和集中供热变化。ERI-EDO 模型框架如图 5-5 所示。

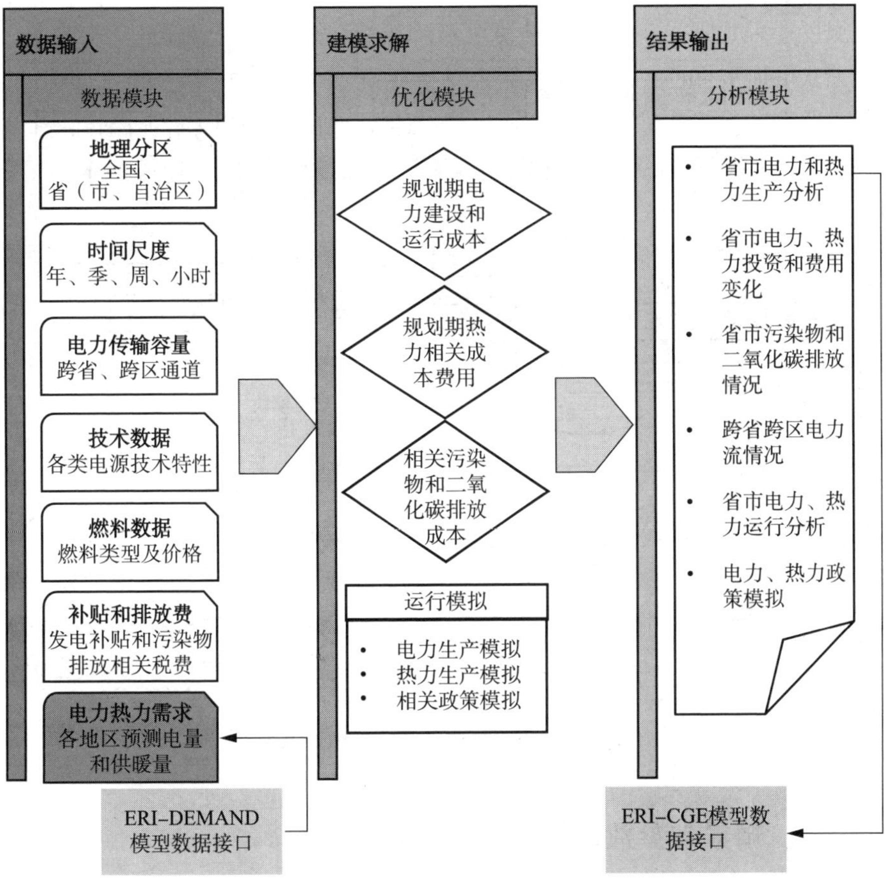

图 5-5　中国电力部署优化模型框架

（三）中国经济社会评价模型

中国经济社会评价模型（ERI-CGE）基于可计算一般均衡模型（CGE）构建，不仅能够模拟经济主体、要素市场和商品市场的数量关系，而且能够展现经济系统在受到外部冲击时从一种均衡到新均衡的变化（见图 5-6）。ERI-CGE 模型采用 GAMS 平台开发，使用 PATH 求解器求解，能够实现以年为单位的动态模拟，分析经济走势、产业结构变化、能源消费及碳排放趋势等。

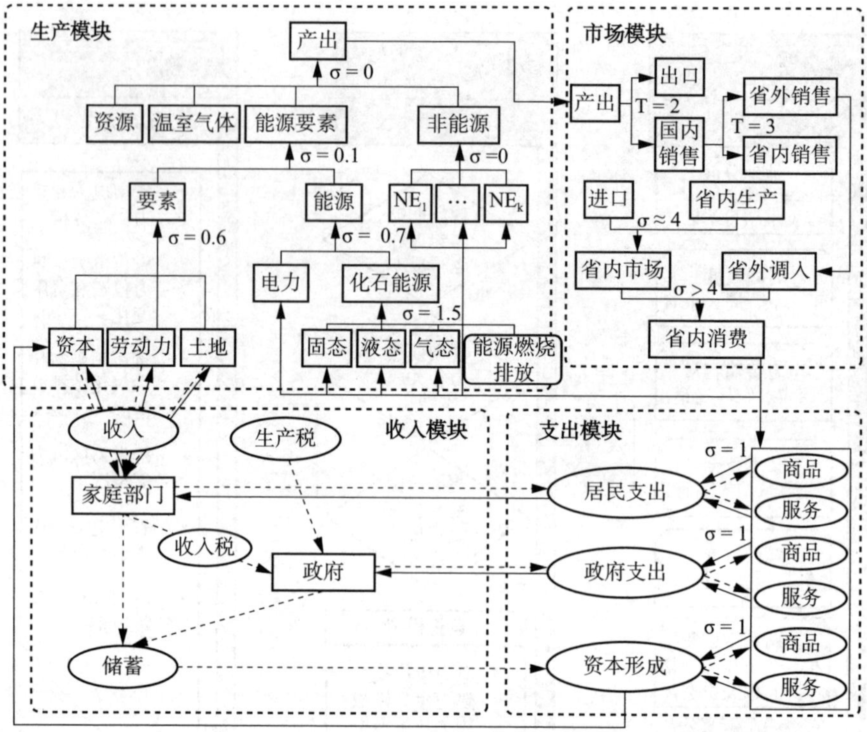

图 5-6 中国经济社会评价模型框架

二、情景与参数设置

（一）情景设置

围绕实现碳达峰碳中和目标，在深入评估长期能源转型的不同技术路径、动态评估近中期能源转型面临的趋势的基础上，设计了两个情景：参考情景（BLS）与碳中和情景（CNS）。两个情景均以 2020—2060 年为展望期（见表 5-1）。受新冠疫情影响，2020 年数据波动剧烈，难以代表长期趋势，多数情况以 2021 年为基年作对比。

BLS 情景是描述当前能源系统发展外推趋势的情景，不设定碳减排约束边界条件。此情景基于现有的技术水平、政策措施和行业趋势，假设没有进一步加大政策力度，同时考虑能源转型面临的风险以及内外部环境变化等动态因素，分析能源系统的长期发展趋势。BLS 情景能够实现《巴黎协定》确定的21世纪末将全球平均气温上升控制在2℃以内的愿景，但可能无法在展望期内实现能源系统净零排放。

CNS情景是描述实现碳达峰碳中和目标的一种情景，设定为在2060年前实现能源系统净零排放。CNS情景的构建目标为提出实现碳达峰碳中和目标的解决方案。这一情景考虑中国能源资源主要依赖煤炭的基本情况，突出煤炭在保障能源安全中的作用，充分考虑煤炭转型路径相关挑战，以及清洁能源转型、可再生能源发展、体制机制障碍等方面的影响，采取稳妥转型的节奏和方式实现碳达峰碳中和目标。技术路径方面，这一情景大力发展可再生能源，通过自然或延迟退役的方式使煤炭逐步退出能源系统，同时伴随着煤电、天然气发电和生物质能发电机组相对较大的碳捕集与封存等碳抵消和负碳技术需求，以及相对较低的部署清洁能源技术要求。

（二）参数设置

首先，在宏观经济和人口参数设置方面，两个情景满足一致的宏观经济和人口参数。在设置国内生产总值（GDP）时，考虑到中国经济从高增速转向高质量发展，GDP增速不再是唯一的衡量指标，“十四五”规划将GDP增长保留为预期性指标，未设置具体参数，提出GDP“年均增长保持在合理区间、各年度视情提出”，并再次明确了“2035年人均GDP达到中等发达国家水平”的目标。人均GDP、就业、居民人均收入与消费支出、能耗强度、碳排放强度等指标，都要求中国经济增长保持一定规模。综合考虑上述目标与“两个一百年”奋斗目标，将2060年中国GDP设定为2020年的4倍。其次，人口的总量与结构均能对能源消费产生重要影响。考虑到当前中国人口发展呈现新特点，正在进入低增长的拐点阶段，参考了国内外多个机构对中国人口的相关研究，包括中国宏观经济研究院、中国社会科学院、世界银行等主要机构的中国人口预测数据，同时考虑了近中期内人口与鼓励生育政策的预期影响，最终人口假设为2030年14.3亿人，2050年13.9亿人，2060年13.3亿人；城镇化率为2030年71%，2050年75%，2060年77%。

在政策参数设置方面，两个情景也具有一致性，充分考虑了四类既有政策。一是考虑国家和地方的能源规划。在国家层面，参考了《“十四五”

现代能源体系规划》《“十四五”可再生能源发展规划》等。2022年，全国各省、自治区、直辖市基本出台了“十四五”能源发展规划，部分省市出台了可再生能源和2035年远景目标纲要。考虑到地方“十四五”规划的效力和指导性，因此也作为重要政策参考。二是考虑专项政策。2022年，我国针对能源领域发布多项支持新型能源体系建设的专项政策，如《关于完善能源绿色低碳转型体制机制和政策措施的意见》《关于促进新时代新能源高质量发展的实施方案》等提出总体发展方向；部分具体发展目标在年度政策中有所体现，如《2022年能源工作指导意见》提出了加快推进以沙漠、戈壁、荒漠地区为重点的大型风电光伏基地建设。三是重点考虑新型储能、火电灵活性改造、分布式可再生能源支持政策等。2022年，国家发展改革委、国家能源局发布了《氢能产业发展中长期规划（2021—2035年)》，国家发展改革委办公厅、国家能源局综合司发布了《关于进一步推动新型储能参与电力市场和调度运用的通知》等专项政策，对2022年1月发布的《“十四五”新型储能发展实施方案》提供了进一步的支持。火电灵活性改造方面，《全国煤电机组改造升级实施方案》《煤炭清洁高效利用重点领域标杆水平和基准水平（2022年版)》等文件进一步提升了对煤电厂升级改造的政策部署。《关于公布整县（市、区）屋顶分布式光伏开发试点名单的通知》等文件，提升了分布式能源开发力度。四是考虑终端用能部门向绿色转型的相关政策。工业领域，《关于促进钢铁工业高质量发展的指导意见》提出了2030年前实现碳达峰目标；《水泥行业节能降碳改造升级实施指南》提出了相关能效标杆；石化、化纤、纺织品等高质量发展指导意见明确了相关行业碳达峰阶段性目标，并提出了保障措施。建筑领域，《关于推动城乡建设绿色发展的意见》《“十四五”住房和城乡建设科技发展规划》《“十四五”建筑节能与绿色建筑发展规划》《城乡建设领域碳达峰实施方案》等相继发布。

两个情景设定了统一的最低碳价，以体现新能源技术成本下降本身的优势，但两个情景采取不同的碳排放约束、化石能源退役、清洁能源供应能力等条件。而且，两个情景采取不同的能源需求端活动水平和新能源技术成本，以体现不同部署规模下能源供需技术成本曲线。

表 5-1　两个情景的主要边界条件与假设

边界条件与假设	参考情景（BLS）	碳中和情景（CNS）
可持续发展目标		
碳排放约束	不设定碳减排约束；与《巴黎协定》相衔接的煤炭消费上限	2030 年前碳达峰；2060 年前碳中和并实现能源系统净零排放
能源电力系统安全约束	一致	
生态环境保护红线约束	一致	
化石能源发展约束		
化石能源发电	自然或延迟退役	
终端用煤	自然或延迟退役	
主要假设		
宏观经济发展参数	一致，设置省级参数	
能源与气候政策	一致，包括既定政策，纳入省级政策	
能源与电力供应端		
可再生能源技术成本	不同	
电力系统灵活性技术成本	不同	
碳捕集、利用与封存（CCUS）技术成本	高	低
核电装机增长	一致	
碳价与化石燃料价格	一致，设置省级价格参数	
能源需求端		
电气化水平	低	中
单位能耗强度	高	中
能源密集型终端活动水平（高耗能产品产量）	一致	
工业增加值	一致	
高耗能行业增加值比重	高	低
传统轻工业及高附加值行业增加值比重	低	高
新技术替代率	低	中
汽车保有量	一致	
电动车渗透速度	低	中
电制燃料（PtX）需求水平	低	中
建筑总面积	一致	
城镇化水平	一致	
节能建筑、超低/近零能耗建筑比例	低	中

三、结果分析

(一) 能源分析

1. 碳中和目标引领能源结构革命性转变

能源消费结构转向绿色低碳方向。BLS 情景下，非化石能源在一次能源需求中的占比 2030 年和 2035 年分别超过 25%和 35%；CNS 情景下，非化石能源在一次能源需求中的占比到 2035 年前超过 50%，到 2060 年提升至 92%，比 BLS 情景下高出 20 个百分点以上。CNS 情景下，2060 年可再生能源占一次能源需求的比重达到 86%。这意味着，即使是充分考虑煤炭平稳退出的情况下，能源结构深度脱碳并全面转向非化石能源也是碳中和的必然要求。

化石能源需求在 2030 年前进入峰值平台期。根据“1+N”政策体系，中国在“十四五”时期严控煤炭消费增长，“十五五”时期将逐步减少煤炭消费。受政策和市场影响，煤炭在能源结构中占比下降成为两个情景的共同趋势。在 BLS 情景下，煤炭消费逐步减少。同时，电气化和可再生能源快速发展，替代石油和天然气增量，油气增速逐步放缓。两个情景下的分品种化石能源需求均在 2030 年前进入峰值平台期，推动碳达峰目标实现。两个情景下一次能源需求结构见图 5-7。

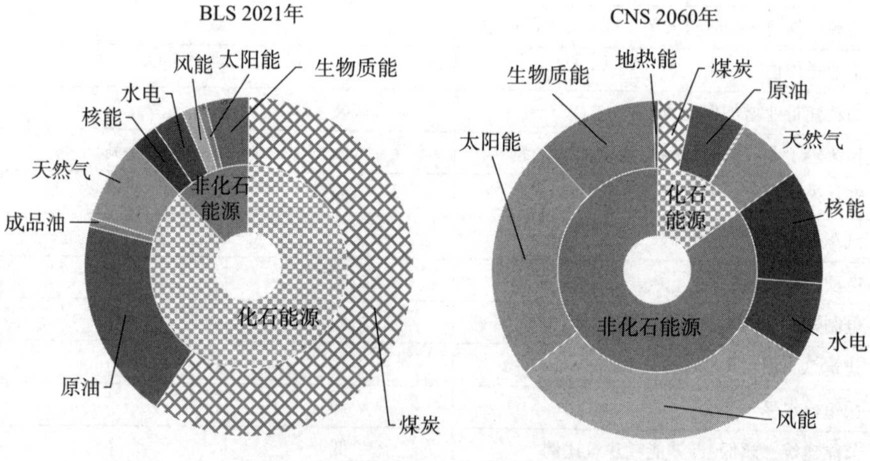

图 5-7　两个情景下一次能源需求结构

绿电的跨越式发展可确保新兴行业用电用能的增长。新兴行业用电用能增长是经济发展的重要特征。到 2030 年，BLS、CNS 情景下的全社会用电量均超 13 万亿千瓦时，达到 2021 年的 1.5 倍多；到 2060 年，BLS、CNS 情景下的全社会用电量分别达到 16.5 万亿千瓦时和 18.2 万亿千瓦时，约为 2021 年的 2 倍（见图 5-8）。全社会用电量持续增长的原因是多方面的。一是随着中国经济持续增长和生活水平的提高，人们对商品、交通和电子设备的需求不断增加，建筑制冷与供暖等用能舒适程度提升。二是数字经济发展带来较高的用电用能增长，大数据、人工智能、云计算、物联网、移动电子设备、区块链技术均是新兴用电增长点，数据中心成为新的用能大户。三是终端用能部门电气化水平大幅提升和绿氢需求带来的用电增长。这些终端因素，加之可再生能源电力成本降低和供应增加带来的便宜又充足的绿电，可以为高质量发展支撑新一轮的终端能源消费，尤其是用电增长。

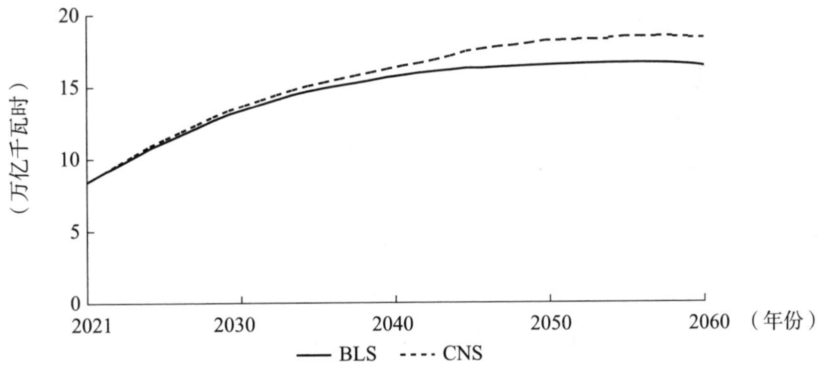

图 5-8　2021—2060 年两个情景下的全社会用电量

2. 实现碳中和可开创绿色低碳增长新路径

以平稳的能源消费增长支撑经济跃升发展。中国的碳中和发展路径与发达国家历史上的能源经济增长模式有巨大差异。中国以更低的人均能耗和人均碳排放、更快的节奏实现低碳转型，走出不同于发达国家的绿色增长路径。CNS 情景下，到 2035 年中国经济增长至 2021 年的约 1.8 倍，单位 GDP 能耗比 2021 年下降 52%（电热当量法）。从人均经济水平与能耗看，到 2060 年，中国人均 GDP 增长至目前的 4 倍以上；但 CNS 情景下，人均能源消费量增速远低于人均收入水平增长。人均能耗的平稳意味着可通过技术创新和资源管理来提升能效，减少浪费性消费。按发电煤耗法计算的 2025—2060 年一次能源需求总量及结构如图 5-9 所示。

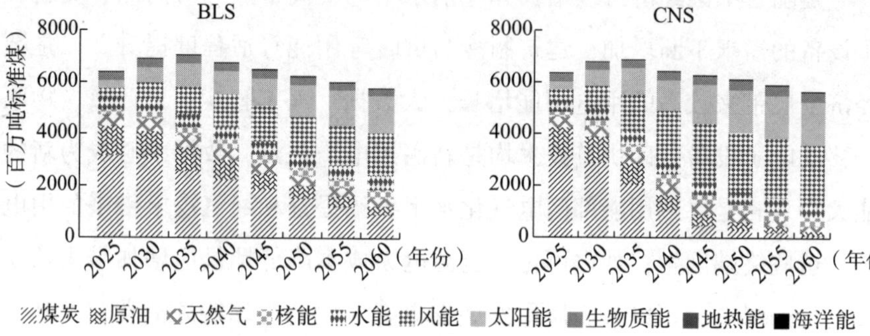

图 5-9　2025—2060 年一次能源需求总量及结构（发电煤耗法）

人均用电量倍增与碳排放倍减同步。人均用电量反映居民家庭的电气化程度，而家庭电气化是生活质量提升的重要标志。截至 2023 年上半年，中国人均全社会用电量约为 16.7 千瓦时/天，其中人均城乡居民生活用电量约为 2.4 千瓦时/天。情景结果显示，能效提升不会以牺牲人民生活水平提升为代价。CNS 情景下，到 2060 年人均用电量增长至目前的 2.3 倍，实现用电水平的跃升。与此同时，人均碳排放从 2020 年的 8.2 吨二氧化碳开始大幅下降，进而实现人均用电量倍增与碳排放倍减的同步发生。

3. 终端能源消费从“电气化”迈向“电氢化”

终端用能部门的能源消费在近中期的转型路径以产业结构调整、能源效率提升为主，中远期转型路径主要为以技术创新为基础的深度电气化和低碳零碳燃料替代。

能源系统的电气化是引领终端用能部门转型的关键动力。两个情景下，中国所有终端用能部门都有望实现持续的高比例电气化。BLS 情景下，电力消费占终端能源消费的比例从2021年的27%增长到2035年的36%、2060年的51%。CNS情景下，电力占终端能源消费的比例在2035年达到39%，2060年达到60%。在电气化程度加深和产业结构调整的双重影响下，终端用能部门的电力消费先增后降。两个情景下，终端电力消费均于2050年左右达峰，之后略有下降。到2060年，终端用能部门在BLS和CNS情景下的直接用电量分别为12.8万亿千瓦时和13.3万亿千瓦时。

工业电力需求在2035年前保持一定增长速度。工业电力需求总量方面，2020—2035年，由于高附加值产业快速发展，尤其是机械制造业和交通装备制造业等增加值较2020年翻一番，带动电力需求快速增长。BLS情景下，工业用电从2020年的3.9万亿千瓦时增长到2035年的6.35万亿千瓦时，CNS情景下的峰值继续增长到5.7万亿千瓦时。2035年之后，由于重工业产品产量大幅下降，电力需求随之下降。CNS情景下，到2060年工业电力需求降至5万亿千瓦时左右。钢铁行业等传统重工业的电力需求持续下降。尽管到2060年电炉钢比例增加到65%，但是粗钢产量将降至目前的60%以下，同时能源利用效率持续提升，所以电力需求减小。工业能源强度方面，在中短期内，通过产业结构调整、深度电气化（即从化石燃料能源转向电力能源）以及技术和设备的不断创新，可以显著提高能效；到2060年，工业能源强度比2020年显著降低，为实现更加可持续和高效的能源系统做出贡献。

由于电动汽车的大规模普及，交通运输领域的电力需求始终保持快速增长。2060年，BLS和CNS情景下，交通运输领域的电力需求从2020年的0.1万亿千瓦时分别增长到1.53万亿千瓦时和1.63万亿千瓦时。2020—2060年，交通运输领域的电力需求在两个情景下的平均年增长率都在7%左右。

建筑领域的电力需求在2035年前保持快速增长。建筑领域的电力需求由2020年的2.22万亿千瓦时增至5.12万亿千瓦时，平均年增长率为5.7%，到2035年后增速放缓，到2060年电力消费量为5.81万亿千瓦时，平均年增长率为 0.5%。CNS 情景下，到 2060 年建筑电气化率提升至 90%左右（见图 5-10）。建筑领域电力增长主要发生在数据中心、公用建筑的用电设备，以及民用炊事领域。

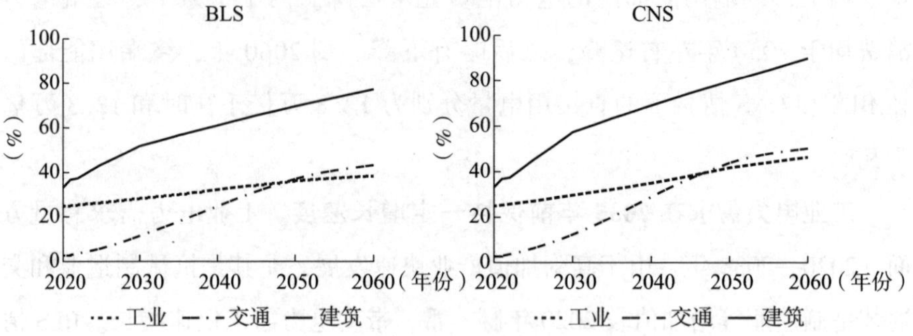

图 5-10　2020—2060 年分情景分部门分阶段电气化率

碳达峰后，终端用能部门绿氢的使用是电气化的重要补充，终端用能走向"电氢化"。氢能扮演零碳原料和零碳燃料双重角色，对于难以减排的行业，如石油化工行业深度脱碳具有非同寻常的意义。终端用能部门的电力除直接消费之外，有一部分电力用于绿氢的制备以及清洁供热。终端用能部门中，用电制备的氢能在 2030 年后得到迅速普及。氢气可以用作还原剂，取代用于生产粗钢的焦煤，也可以用作制氨，取代当前基于煤炭的合成氨生产技术。氢气也有取代运输部门石油产品的潜力。此外，还有部分电力被用于其他电制燃料（Power-to-X，PtX）。两种情景下，都假设氢能需求量日益增长，因此其电力消费量也呈现相应增长。BLS 情景下，到 2035 年、2050 年和 2060 年制氢的用电量分别为 1.4 万亿千瓦时、2.3 万亿千瓦时和 2.7 万亿千瓦时，在总用电量中的占比分别为 9.5%、14.1%和 16.2%。CNS 情景下，到 2035 年、2050 年和 2060 年制氢的用电量分别为 1.6 万亿千瓦时、2.8 万亿千瓦时和 3.3 万亿千瓦时，在总用电量中的占比分别为 10.9%、15.4%和 17.7%。与 BLS 情景相比，CNS 情景下，到 2060 年电制氢的用电量占终端电力消费总量比重提高至 10%左右，氢能成为举足轻重的终端能源（见图 5-11）。

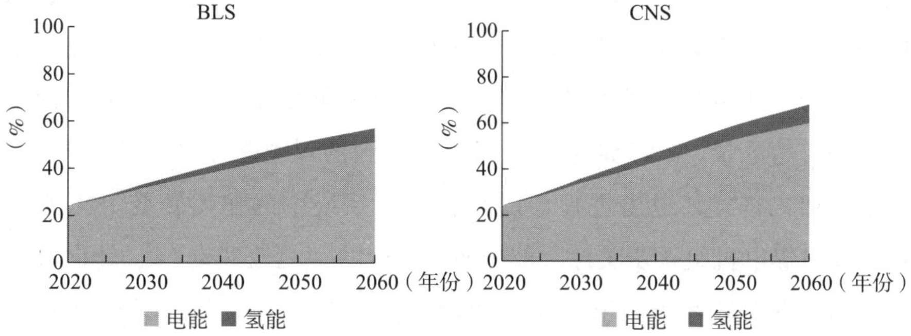

图 5-11　2020—2060 年分情景终端能源需求电能与氢能占比

4. 新型电力系统下主要电源的定位发生转变

新型电力系统以清洁低碳、安全充裕、经济高效、供需协同、灵活智能为特征。CNS 情景下，到 2045 年前后实现电力系统的净零排放，并在此后实现负碳排放，为能源与全社会碳中和创造空间。这一过程伴随着低碳零碳电力倍增式发展，系统调节能力大幅增加，电力市场机制不断完善，绿色电力供应低价充足，电力系统实现发展、减排、电力供应安全与生态安全的多要素融合。

电力系统全面转向可再生能源，风电和光伏成为便宜充足的主力电源。CNS 情景下，到 2035 年和 2060 年，全国发电装机规模分别增长至 60 亿千瓦和 90 亿千瓦左右；到 2035 年和 2060 年，可再生能源在发电装机中的占比分别提升至 75%和 97%，在发电量中的占比分别提升至 67%和 94%；2060 年，风电和光伏发电在总发电装机和发电量中合计占比分别达到 90%和 80%左右，风电和光伏发电将成为绝对的主力电源。2060 年，陆上风电、海上风电、光伏发电的平准化度电成本（Levelized Cost of Energy, LCOE）分别降至 0.20 元/千瓦时、0.21 元/千瓦时、0.14 元/千瓦时，分别比 2021 年下降 40%、67%和 58%，为碳中和提供充裕且经济的绿色电能。

煤电的角色发生根本性的改变，部分机组退而不拆，从基荷电源转型为灵活性调节电源。煤电退出不仅是实现净零排放的必须要求，也是新能源技术发展的必然选择。CNS 情景下，即使考虑煤电平稳转型，煤电逐步退出仍是实现碳中和必不可少的技术路径。煤电装机容量在“十四五”至“十五五”期间达到 12.5 亿千瓦的峰值平台期，2060 年前实现全部自然退役。CNS 情景显示，由于中国的煤电机组相对更为年轻、技术更加先进，其退出进程伴随着在电力系统中的作用转变。2040 年前，现役煤电机组逐步关停，部分通过深度的“三改联动”[①]，转向灵活性电源，发挥显著的调节作用。2040 年后，随着现役机组接近运行寿命，煤电机组陆续关停，煤电的运行小时数降至 1000 小时以下。2050 年后，CNS 情景的煤电发电量基本降至零，电力系统调节基本不再依靠煤电。但部分退役机组退而不拆，开展必要的运维保养，保持备用状态，在远期发挥应急备用作用。值得注意的是，BLS 情景显示，随着新能源发电成本下降，煤电装机同样呈现下降趋势，但仅基于已制定的政策和目前的新能源成本下降速度，煤电装机达峰后下降速度趋缓，到 2060 年无法降至“零”。这一结论提示，在碳达峰后，需要力度更大的退煤措施以及更充分的新能源技术投资，才能实现碳中和所需要的煤电退役路径。

电力系统灵活性资源实现多元化、规模化的发展。随着以新能源为主体的新型电力系统逐步建立，电力系统灵活性资源呈现出多元化、规模化的发展特点。到 2035 年，CNS 情景下，灵活性资源装机增长趋势基本与 BLS 情景保持一致，灵活性煤电和抽水蓄能仍是主要调节电源。碳达峰后，随着高比例可再生能源普及，中国进入各类新型灵活性资源全面发展阶段，需要多元化技术实现不同时间、不同尺度的灵活性调节，传统的煤电等灵活调节资源被 V2G、电制氢等新兴调节资源和电化学储能替代，充裕的风光电能为电制氢等更多新技术规模化发展创造应用场景。到 2060 年，CNS 情景下，抽水蓄能、新型储能、需求侧响应、电动汽车 V2G 和热泵等灵活性资源，将为电力系统安全稳定运行提供重要支撑。

---

① “三改联动”指针对煤电机组进行的三种技术改造，包括节能降碳改造、供热改造和灵活性改造。

核电发挥积极稳定的低碳基荷电源作用。党的二十大报告提出，“积极安全有序发展核电，加强能源产供储销体系建设，确保能源安全”。核电能量密度大、机组可用率高、出力可靠稳定，是目前唯一可大规模替代煤电的基荷电源，并具备一定负荷跟踪能力，可靠近负荷中心布置，与新能源耦合建设，是保障能源安全、满足用电量增长的有效选择，为实现碳中和目标发挥重要积极作用。当前，中国商运核电机组 54 台，总装机容量 5682 万千瓦，位居全球第三；在建核电机组共 24 台，总装机容量约 2681 万千瓦，在建规模保持全球第一。鉴于核电发展政策性强，综合考虑核准程序、制造能力、建设周期、公众接受度等因素，预测 2035 年中国核电装机容量达到 1.1 亿千瓦，核电发电量占总发电量比重约为 6%，发电量为 2021 年的 2.2 倍；2035 年后，核电装机以年均 1000 兆瓦的速度，增长至 2045 年的 1.2 亿千瓦，为电力系统碳中和提供重要支撑。

（二）经济分析

中国能源转型在为社会经济及环境发展提供安全高效的能源保障的同时，与产业升级互为促进，推动经济增长质量提升和能源清洁低碳化发展。从产业发展看，与 BLS 情景相比，CNS 情景的电力行业 GDP 占比更高，反映出推动能源转型使得高品质能源电力可以为经济社会发展做出更大贡献（见图 5-12）。

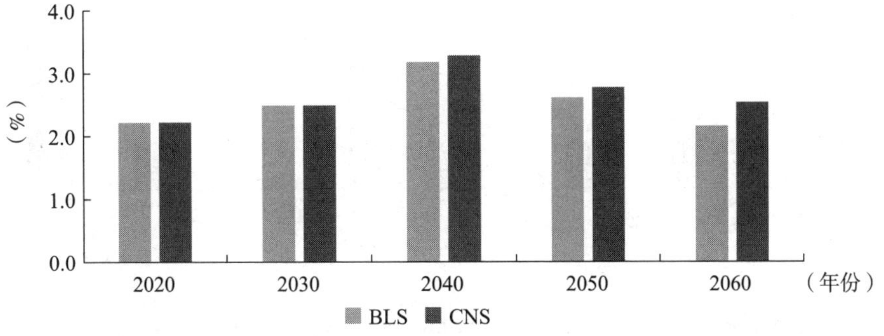

图 5-12　2020—2060 年两个情景下电力行业 GDP 占比的变化趋势

从转型的资本投入量看，BLS 情景下，重工业、轻工业、设备制造业、交通业、商业餐饮、其他服务业资本投入量较大，增值也较大；煤炭、石油、火电、天然气部门的资本投入量呈现出增长—达峰—下降的变化过程，而核电、水电、非水可再生电力部门的资本投入量则呈现持续增长态势（见图 5-13 和图 5-14）。

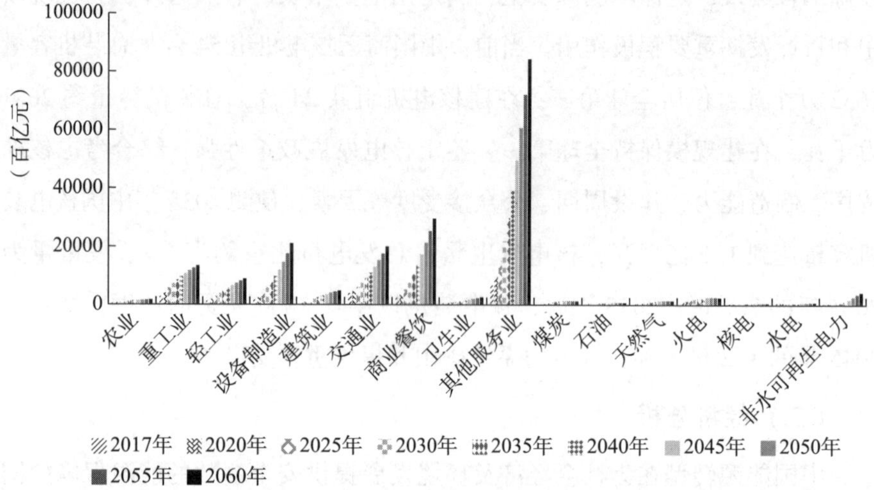

图 5-13　BLS 情景下各个部门的资本投入量变化

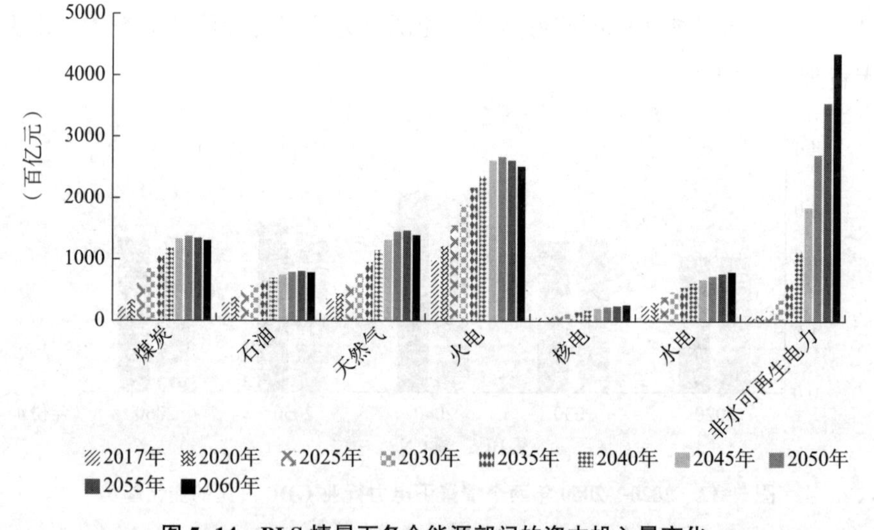

图 5-14　BLS 情景下各个能源部门的资本投入量变化

与 BLS 情景相比，CNS 情景的核电、水电和非水可再生电力部门的资本投入量增加，其中非水可再生电力部门的资本投入量增加最快，2060 年资本投入量比 BLS 情景高 6.5%；煤炭投资也呈现增长结果，2060 年资本投入量比 BLS 情景高 2.6%；而设备制造业、天然气、火电的资本投入量下降，与 BLS 情景相比，2060 年分别下降 1.2%、4.0%和 0.5%（见图 5-15）。

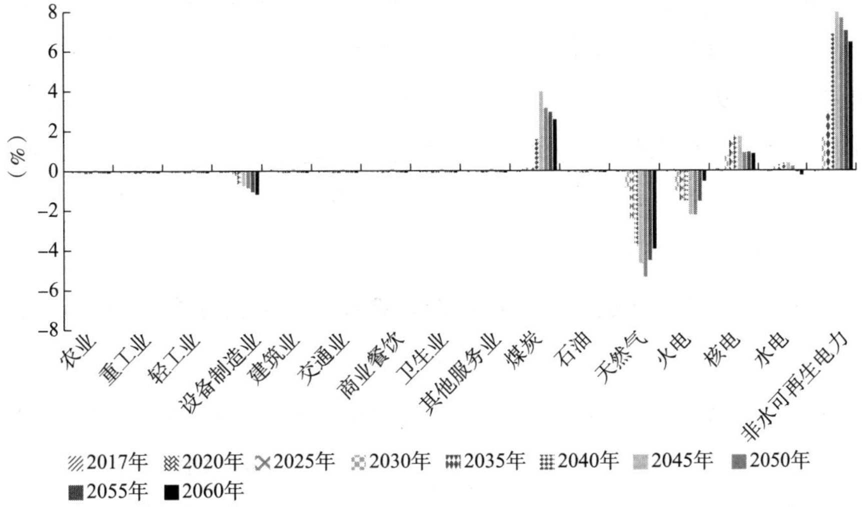

图 5-15　CNS 与 BLS 情景相比各部门的资本投入变化比例

从就业结构变化看，CNS 情景与 BLS 情景相比，非水可再生电力创造了更多的就业岗位，这些新增的就业机会弥补了能源转型导致的煤炭、火电等传统行业的就业机会损失。两种情景下设备制造业、煤炭、火电的就业量显著下降，而其他服务业、非水可再生电力部门的就业量显著上升。值得注意的是，由于能源转型促进创新，导致设备制造业等行业技术进步加快，技术替代导致就业量下降。另外，虽然部门就业量下降，但部门产出和 GDP 仍上升，也从另一个侧面印证了技术进步带来的效果。

（三）环境分析

模拟结果显示，CNS 情景下，2030—2060 年，中国年均减排量约为 3.6 亿吨二氧化碳。根据 OECD 数据，2021 年欧盟 28 国温室气体排放总量约为29亿吨二氧化碳，即碳达峰后中国每8年的减排量，就相当于实现当前欧盟碳排放的全部。这表明，中国实现碳中和需要创造历史性的减排幅度，因此需要采取全球最先进的清洁能源技术，并持续进行技术创新和加大政策实施力度。

从情景差异看，电力部门与终端用能部门的碳减排力度均需进一步加强。两种情景下均可实现2030年前碳达峰，但此后碳排放路径差距逐渐拉大，BLS与CNS的情景差异显示了碳达峰至碳中和阶段的减排努力方向。要实现CNS情景下的减排路径，从部门分解看，电力和工业行业减排最为重要。到2060年，电力行业排放占BLS与CNS排放差距的一半以上。此外，工业部门碳减排成效显著。CNS情景下，得益于工业结构调整、能源效率提升和低碳技术创新等一系列政策和措施，2060年工业二氧化碳排放强度将比2021年水平大幅降低。

钢铁和水泥生产是工业部门能源消费和碳排放的重要贡献者。2020年，钢铁产量约达10.75亿吨，能耗约为7.34亿吨标准煤，排放约达16.86亿吨二氧化碳。水泥产量约达19亿吨，能耗约为1.74亿吨标准煤，排放约为2.87亿吨二氧化碳（不包括工业过程排放）。钢铁生产碳强度约为1.58吨二氧化碳/吨钢，水泥生产碳强度约为0.15吨二氧化碳/吨水泥。两种情景下，到2060年，钢铁和水泥产量大幅减少。钢铁产量降至约6亿吨，水泥降至约8亿吨。通过大规模的电弧炉（Electric Arc Furnace，EAF）技术和氢基直接还原铁（Direct Reduced Iron，DRI）工艺，钢铁生产碳强度大幅下降。BLS和CNS情景下，到2060年，钢铁生产碳强度分别降至0.47吨二氧化碳/吨钢和0.24吨二氧化碳/吨钢。通过采用替代熟料技术，并增加替代原料和燃料的利用，两种情景下水泥生产碳强度分别降至0.06吨二氧化碳/吨水泥和0.02吨二氧化碳/吨水泥。

从环境影响看，不同情景下，$PM_{2.5}$、NO_X、SO_2等主要大气污染物排放量随着能源转型显著下降，能源转型助力大气污染物源头减排。CNS情景下到2060年的减排幅度达90%以上，为改善空气质量提供了关键支撑（见图5-16至图5-18）。

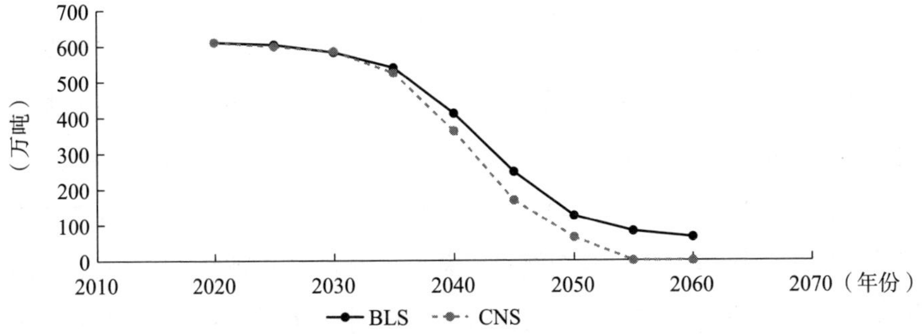

图 5-16　两种情景下 $PM_{2.5}$ 的排放趋势

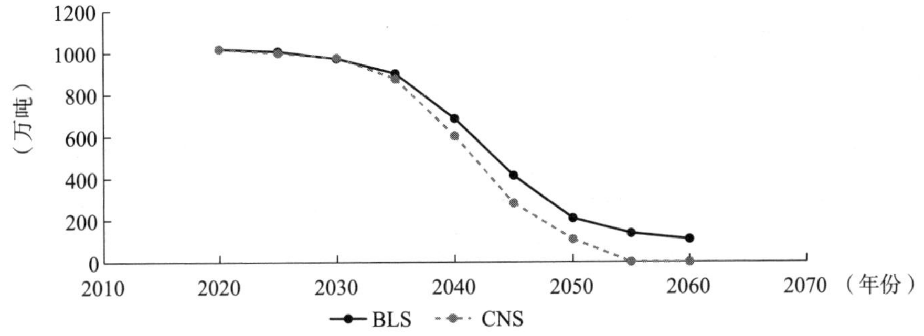

图 5-17　两种情景下 NO_X 的排放趋势

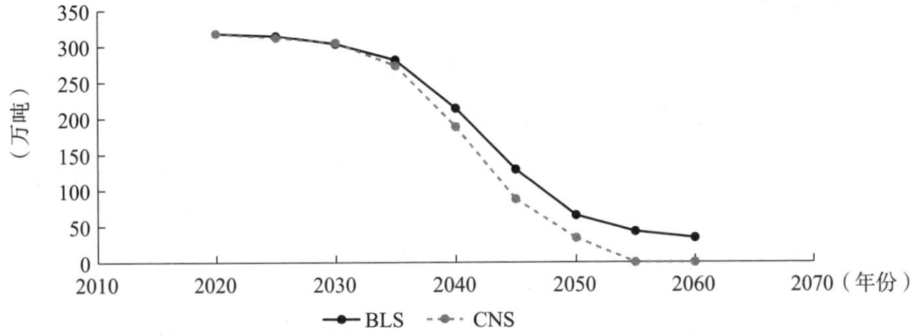

图 5-18　两种情景下 SO_2 的排放趋势

（四）技术分析

过去 10 余年，中国的清洁能源技术蓬勃发展，成为全球增长最快的绿色能源市场之一。情景模拟结果显示，在“双碳”目标下，过去一段时间的新能源迅速增长只是新征程的起点，关键清洁能源技术需要持续跨越式、倍增式甚至指数级地发展，多种新能源技术经历从无到有的发展历程，创造新的绿色经济增长点。从 CNS 情景发现，展望期内供需双侧所有清洁能源技术均长足发展。其中，整个展望期可再生能源发电技术持续稳定快速发展；2035 年前，新型储能、海上风电和需求侧响应技术增速相对更快；2035—2060 年，随着电力系统中高比例可再生能源成为主流，多种电力灵活性技术（含车网互动与智慧充电）、热泵与电锅炉技术、氢能技术加速发展。

风、光等可再生能源技术保持跨越式发展。CNS 情景下，2035 年前，随着光伏和风电技术效率进一步提高、成本持续降低，光伏发电、陆上风电、海上风电等仍将保持较高的年均装机增速。2035—2060 年，随着可再生能源大规模应用的主导地位基本达成以及能源需求回落，风电和光伏装机的年均增速尽管回归平稳，但发电装机仍将达到 90 亿千瓦，约为 2021 年的 12 倍。

电力灵活性技术指数级发展，新型储能“从无到有，从小到大”。新型储能技术、需求侧响应技术和智慧能源系统的发展，不仅有利于保障电力系统的安全稳定运行，还是高比例整合间歇性可再生能源并满足高峰负荷的关键所在。为此，2035 年前，新型储能需要以指数级增长模式完成从无到有的发展。此后，随着电动汽车规模明显增大、智慧能源管理水平提高，V2G 成为重要新兴技术，为电力系统提供低成本、大规模、高质量的灵活性资源。

新型终端用能技术大规模部署和深度替代。电动车辆、智能家居和工业电气化成为降低碳排放的关键手段。更广泛的电动交通和清洁能源驱动的工业生产有效减少传统能源消耗和污染排放。氢能技术的应用持续拓展。氢能作为高效清洁能源的媒介，有望在工业、交通等领域发挥重要作用。2035 年前，热泵与电锅炉、新能源汽车、氢能等技术需要加快部署，为 2035 年后在终端推进深度替代提供技术支撑。

四、不确定性讨论

（一）技术创新的不确定性

大幅度、可持续的技术创新是推动清洁能源跨越式、倍增式发展的关键。《“十四五”能源领域科技创新规划》等文件提出了能源技术创新方面的近期重点任务。近中期，聚焦发展先进可再生能源发电及综合利用、适应大规模高比例可再生能源友好并网的新一代电网、新型大容量储能、氢能及燃料电池等关键技术。更远期，先进核能技术等颠覆性能源创新技术一旦成功突破，将引领新一轮能源工业革命。此外，技术成熟度是氢能等战略性新兴技术广泛应用的前提，成本有效性是类似技术广泛普及的挑战。《氢能产业发展中长期规划（2021—2035 年）》提出要持续提升关键核心技术水平，持续提升燃料电池可靠性、稳定性、耐久性，突破氢能基础设施环节关键核心技术，才能实现其产业化发展。

未来，技术创新发展，尤其是颠覆性技术的出现，既可能为实现碳中和目标、建成新型能源体系带来机遇，也可能带来不确定性。尽管过去 10 年中国在清洁能源领域取得了显著进展，但面向碳中和，必须以更加积极、创新的态度，加速推动可再生能源技术、电力灵活性技术、终端电气化和氢能技术、智慧能源技术的发展。另外，要大幅度、持续性地增加投资，才能推动技术的研发和创新，加速技术成熟并实现商业化应用，进而在碳中和目标下取得实质性进展。同时，这样的投资不仅可以促进经济增长、创造就业机会，还能为中国在全球清洁能源领域的领导地位提供强有力的支持。

（二）CCS 应用的不确定性

CCS 等负碳技术是实现碳中和目标的必须手段和“最后选择”。碳中和目标下，CCS 用于中和工业等终端用能行业无法避免的碳排放。此外，在转型过渡期，电力等碳排放行业需要一定时间适应，CCS 可以作为这一阶段支撑手段，帮助这些行业减少碳排放并逐步实现净零排放。CNS 情景下，由于部署了更大规模的火电 CCS，到 2040 年、2050 年、2060 年，火电 CCS 碳捕集量将分别达到 5.6 亿吨、6.2 亿吨和 1 亿吨二氧化碳。同时，生物质发电作为碳中和能源，配备 CCS 将发挥重要的负碳作用。从 2045 年开始，生物质发电 CCS 开始为电力系统实现净零排放甚至是负排放做出重要贡献。此外，CNS 情景下，CCS 成为难以减排的终端工业的必须手段，到 2060 年工业 CCS 碳捕集规模将在 3 亿吨以上。

值得注意的是，实现碳中和过程中过度依赖 CCS 会产生风险。情景模拟分析结果显示，大规模部署 CCS 有较大局限性。一是 CCS 和 CCUS 的自身用能成本不容忽视。CCS 系统中的碳捕集和封存过程需要大量的能源支持。从二氧化碳的捕集、压缩到输送和封存，整个过程需要大量的电力和热能投入（见图 5-19）。这些能源的消耗会降低装备 CCS 电厂的发电效率，带来额外的碳排放，从而降低 CCS 的净减排效果。二是 CCS 无法实现 100%的碳捕集效率。因此，除 CCS 技术外，仍然需要其他碳汇技术，如直接空气捕集（Direct Air Capture，DAC）或在能源系统外对碳汇进行中和。到 2060 年，CNS 情景下仍有超 4 亿吨的二氧化碳，需要采取 DAC 或其他碳汇方式进行中和。三是直接空气捕集（DAC）技术成本高昂。与 DAC 相比，采取林业碳汇等碳抵消方式更为经济，但这会导致能源系统内部无法实现中和。综合来看，尽管碳捕集与封存技术为实现碳中和提供了必不可少的技术手段，但其技术局限性也导致不能过度依赖 CCS，更不能使大规模部署 CCS 成为延迟化石能源退出的借口。

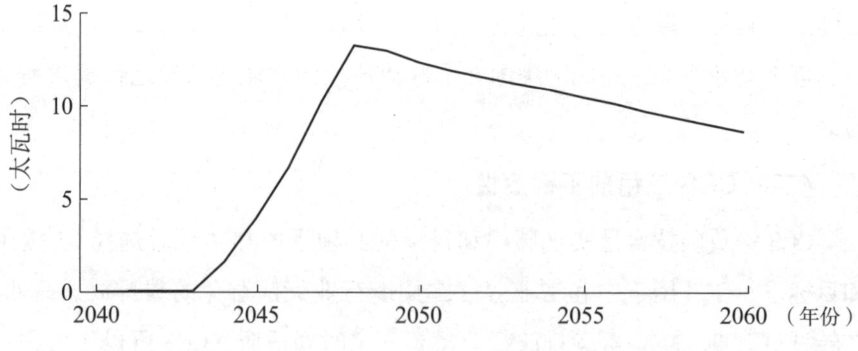

图 5-19　2040—2060 年碳中和情景下 CCS 耗电量

参考文献

[1] Ravn H F. The balmorel model: Theoretical background[EB/OL]. http://www. balmorel. dk/Doc/ BMS212A. pdf, 2001.

[2]戴瀚程 . IMED 模型体系简介[EB/OL]. http://scholar. pku. edu. cn/hanchengdai/imed_general, 2018.

[3]罗仕华，胡维昊，刘雯，等 . 中国 2060 碳中和能源系统转型路径研究[J]. 中国科学：技术科学，2024，54(1)：43-64.

[4]舒印彪，赵勇，赵良，等 ."双碳"目标下我国能源电力低碳转型路径[J]. 中国电机工程学报，2023，43(5).

[5]王仲颖，郑雅楠，赵勇强，等 . 碳中和背景下可再生能源成为主导能源的发展路径及展望：上[J]. 中国能源，2021，43(9)：7-13.

[6]王仲颖，郑雅楠，赵勇强，等 . 碳中和背景下可再生能源成为主导能源的发展路径及展望：下[J]. 中国能源，2021，43(10)：9-17.

参考文献

[illegible]

第六章

推动能源消费绿色低碳转型

内容摘要： 能源消费绿色低碳转型是构建新型能源体系的重要内容。改革开放以来，我国能源消费持续转型升级，但与发达国家相比，绿色低碳水平仍需进一步提升。近年来，我国能源消费呈现出一系列新的特征，为加快推进绿色低碳转型创造了有利条件。党的二十大报告提出的中国式现代化的五个方面特征对能源消费提出了新的要求。结合我国国情和发达国家经验，本章提出了在进一步提高能源利用效率、提升终端电气化水平、构建零碳供热体系、推进氢能多元化应用、强化能源供需互动等方面的转型路径。

一、我国能源消费现状和特征

改革开放以来，我国经济蓬勃发展，能源提供了重要的物质支撑。随着节约优先、新发展理念等理论观念的提出，我国能源消费不断转型升级，从最初的粗放型向集约型转变，进而向绿色低碳转变。近年来，随着终端用能需求的多元化发展和能源技术产品的更新升级，我国能源消费呈现出一系列新的特征。但总体来说，绿色低碳水平仍有待进一步提升。

（一）我国能源消费不断转型升级

能源消费总量持续较快增长。1980 年以来，随着经济持续较快增长，我国能源消费总量也不断攀升。如图 6-1 所示，从 1980 年的 6.0 亿吨标准煤增长到 2022 年的 54.1 亿吨标准煤，增长了 8 倍。其中，1980—2000 年，我国能源消费增长了近 1.5 倍；2002 年开始，我国能源消费经历了一段高速增长时期，仅 6 年时间就翻了一番，2003 年、2004 年的能源消费增速均超过 16%；2008 年全球金融危机过后，我国能源消费短暂恢复了高速增长；党的十八大以来，随着经济进入中高速增长阶段，我国能源消费也进入平稳增长时期，年均增速约 2.7%。

工业能耗长期占据主导地位。我国拥有门类最全的工业体系，不仅有力支撑了国内经济社会发展，也为全球提供了大量产品。如图 6-2 所示，1995 年，我国工业能源消费量占能源消费总量的比重达到 73.3%，2010 年以前，该比重维持在 70%以上。“十二五”以来，随着服务业的加快发展和人民生活水平的持续提高，我国服务业能源消费比重、居民生活能源消费比重逐步上升，与此同时工业能源消费比重逐步下降。“十三五”以来，我国工业能源消费比重基本维持在 67%左右，仍占据主导地位；服务业能源消费比重维持在17%左右，居民生活能源消费比重接近13%，农林牧渔业和建筑业能源消费比重均不到2%。

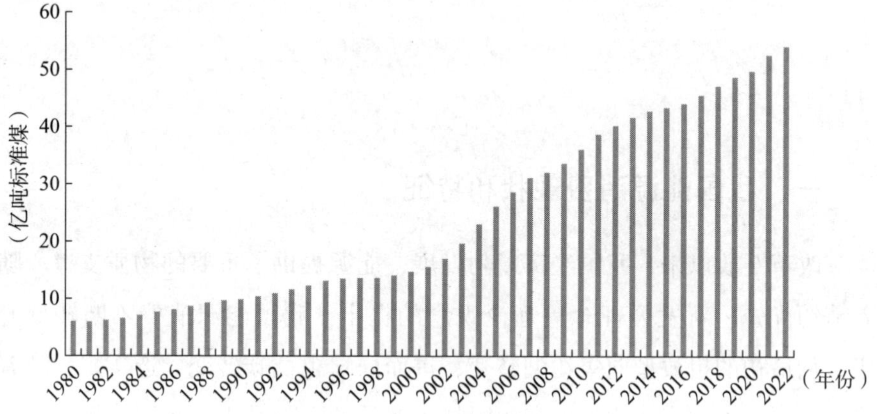

图 6-1　1980—2022 年我国能源消费总量变化趋势

资料来源：根据国家统计局数据绘制

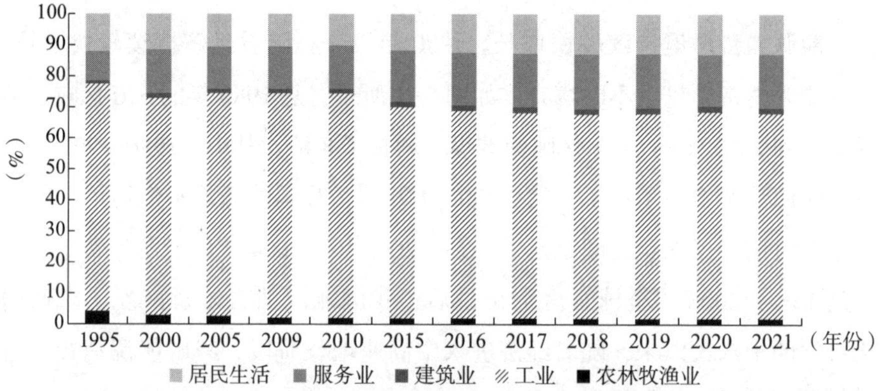

图 6-2　1995—2021 年我国分部门能源消费比重

资料来源：根据国家统计局数据绘制

能源消费结构不断优化调整。受资源禀赋影响，煤炭长期在我国能源消费中占据主体地位。如图 6-3 所示，1980—1999 年，我国煤炭消费占比一直保持在 70%以上，20 世纪 80 年代中期至 90 年代中期，曾一度超过 75%；2000—2011 年，我国煤炭消费占比在 68%～73%的区间内呈现出先升后降的趋势；党的十八大以来，随着大气污染防治工作的大力推进和煤炭消费总量控制政策的逐步实施，我国煤炭消费占比呈现出稳步下降态势，从 2011 年的 70. 2%下降到 2022 年的 56. 2%，与此同时非化石能源消费占比从 2011 年的 8. 4%增长到 2022 年的 17. 5%。终端用能结构也在持续优化。如图 6-4 所示，2005 年以来，我国终端煤炭消费占比快速下降，从 2005 年的 54. 8%下降到 2021 年的 29. 8%；天然气、电力消费占比显著增长，分别从 2005 年的 2. 7%和 14. 8%增长到 2021 年的 9. 9%和 27. 0%。

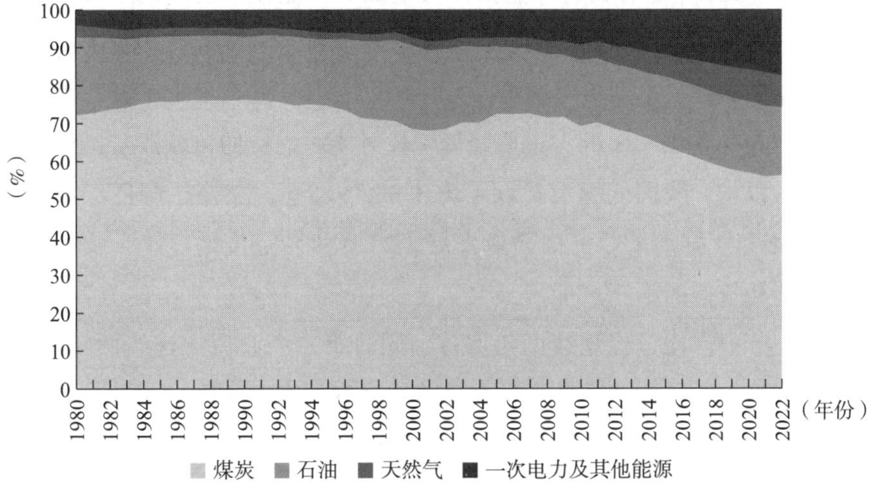

图 6-3　1980—2022 年我国一次能源消费结构

资料来源：根据国家统计局数据绘制

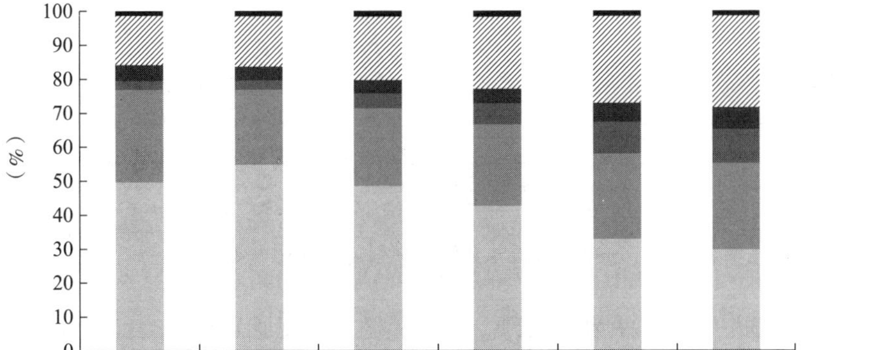

图 6-4　2000—2021 年我国终端能源消费结构

资料来源：根据国家统计局数据绘制

能耗强度实现大幅下降。如图 6-5 所示，1980 年以来，随着科学技术的进步和节能相关政策的驱动，我国能耗强度（单位 GDP 能耗）整体呈现持续下降趋势。1980 年，我国单位 GDP 能耗为 2. 29 吨标准煤/万元（2015 年可比价，下同），2022 年降为 0. 533 吨标准煤/万元，累计下降了 76. 7%。其间，在“十五”中后期，受粗放式发展方式影响，我国单位 GDP 能耗出现了短暂的不降反升，引起了国家和有关部门的高度重视。“十一五”以来，随着我国节能工作力度加大，能耗强度不断下降，截至新冠疫情之前（2006—2019 年），累计下降了 42. 3%。同时，我国能源消费弹性系数总体也呈现下降态势，“十一五”“十二五”“十三五”前 4 年平均为 0. 59、0. 48、0. 44，说明经济增长对能源消费的依赖逐步减弱。党的十八大以来，我国能源消费以年均 3. 0%的增速，支撑了国民经济年均 6. 2%的增速，推动了经济高质量发展。2020 年新冠疫情以来，我国单位增加值能耗较低的第三产业发展受到更为明显的影响。“十四五”以来，我国第三产业占比已经连续两年回落，同时第二产业占比连续两年回升，在较大程度上了导致“十四五”初期能耗强度下降速度放缓。

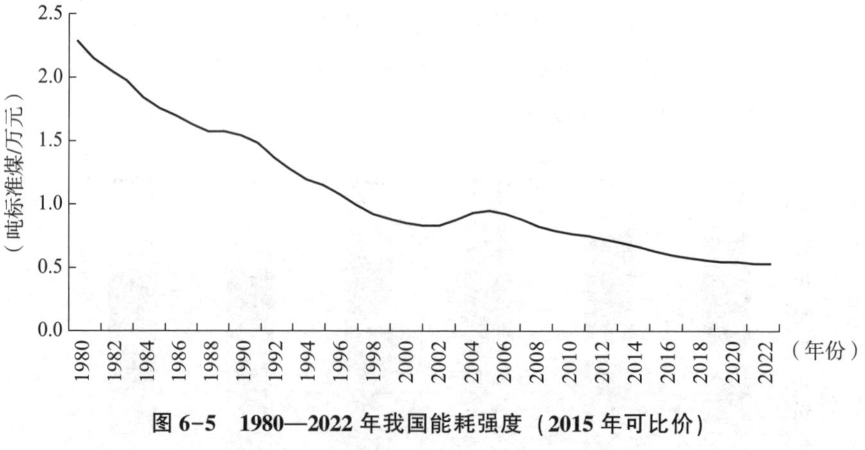

图 6-5　1980—2022 年我国能耗强度（2015 年可比价）

重点领域能效水平显著提升。工业、建筑、交通是我国当前主要的终端用能领域，在节能相关政策的推动下，这些领域的能源利用效率也取得了较大的提升。工业领域，“十一五”以来，规模以上工业单位增加值能耗累计下降了约 55%。工业重点耗能产品单耗大幅下降：2020 年与 1990

年相比，火电厂发电煤耗、供电煤耗、钢可比能耗、水泥综合能耗、电解铝交流电耗分别下降 27%、29%、40%、36%、23%。建筑领域，新建建筑强制性节能标准持续提升，居住建筑、公共建筑从节能 30%标准分别提升到 75%标准、72%标准，超低能耗、近零能耗建筑标准的节能率分别超过 82%和 85%。截至 2020 年底，累计建成节能建筑面积超过 238 亿平方米，节能建筑占城镇民用建筑面积比例超过 63%；城镇新建绿色建筑占比达到 77%，累计建成绿色建筑面积超过 66 亿平方米。2021 年，北方地区清洁取暖率达到 73.6%。交通领域，2022 年，国家铁路单位运输工作量综合能耗较 2012 年累计下降 17.5%，民航吨公里油耗较 2005 年累计下降 11.4%；铁路和水路货运量合计占四种主要运输方式货运量的 24.9%，较 2012 年末提升了 3.9 个百分点；新能源汽车保有量达 1310 万辆，超过全球总量的一半，销售量达到 688.7 万辆，市占率达 25.6%，连续 8 年位居全球第一。

（二）我国能源消费呈现新特征

对能源普遍性和高质量服务的需求日益旺盛。随着收入水平的提升，越来越多的居民期望获得更全面、更高水平的能源服务。居民用能方面，长江流域居民冬季采暖需求快速增长，一些居民希望像北方地区一样享有集中供暖；农村地区采暖、制冷服务需求不断释放，空调、热泵等相关设备保有量进一步增长，北方地区清洁取暖工作也拉动了北方农村采暖服务品质的提升；居民生活热水、电子产品用能等需求持续增长；私家车保有量进一步提高。服务业方面，为满足广大人民不断升级和多元化的消费需求，大型商业综合体、高星级酒店、综合医院、娱乐场所等能耗水平较高的大型公共建筑快速发展。

电气化带动电力消费快速增长。近年来，大气污染防治、煤炭消费总量控制、节能减排、碳达峰碳中和等政策措施多管齐下，能源消费量侧电气化进程加快。工业领域，在条件适宜的行业和地区，推进“煤改电”，加快应用电窑炉、电锅炉、电动力设备；同时，以电能为主要用能品种的高端制造加快发展，统计数据显示，2021 年，电气机械和器材制造业、计算机通信和其他电子设备制造业、通用设备制造业、汽车制造业电力消费增长分别达到 24.1%、19.7%、16.1%、14.6%，合计拉动电力消费量增长约 900 亿千瓦时。居民和商业领域，新型家用和商业电子设备层出不穷，热泵等电驱动采暖制冷设备加快普及，2021 年，商业部门电力消费增速高达 19.5%，拉动电力消费增长约 1900 亿千瓦时。交通领域，电动汽车保有量持续增长，营运交通电力消费增速达到 13.8%。

数字化技术与终端用能系统不断融合。近年来，我国数字经济蓬勃发展，产业数字化进程稳步推进，数字化技术与终端用能系统深入融合，有力推动了能源服务品质提升和能源消费绿色化转型。工业领域推动信息技术在绿色制造领域应用，提升关键工艺智能化水平，实现物质流、能量流等智能化管理，实施“工业互联网+绿色制造”新模式。建筑领域利用数字化技术，加大智能建造在工程建设各环节应用；通过搭建智能化管理平台、应用用电设备智能控制技术等，提升建筑和基础设施运行管理水平。交通领域推进交通基础设施智能化，智能交通与绿色交通融合发展。在数字化技术加快普及的同时，数据中心、5G 基站等新型基础设施也在加快兴建，拉动用电需求快速增长。有研究测算，到 2025 年我国数据中心年用电量将达到 3000 亿千瓦时，2030 年或将达到 6000 亿千瓦时。

供需互动增强的趋势初步显现。传统的能源消费侧和供给侧关系基本是以需定供模式。在“双碳”战略下，将有越来越多波动性强的可再生能源接入电力系统，对电力系统的调节能力提出了更高要求。电力消费侧有较多灵活性的负荷资源，如建筑空调负荷、电动汽车等，增强供需互动，广泛开展电力需求侧响应，充分调用相关资源参与电网运行调节，将有助于减少电网峰谷差，更好地消纳可再生能源。我国出台的多个能源领域政策文件都要求提高需求侧用户响应能力。2013 年，我国在上海启动电力需求响应试点，近年来，浙江、江苏、山东、重庆等 10 余个省市都相继出台了相关政策并组织实施需求响应。虚拟电厂作为需求侧响应的一个重要模式，近年来发展较快。上海黄浦区商业建筑虚拟电厂示范项目取得了成功；广东电网公司打造的虚拟电厂已接入了 5000 多个充换放、储能和中央空调站点。

综合能源服务模式加快发展。传统能源服务模式往往是单一能源品种的供给服务。综合能源服务则通过集成采用能源、信息和通信等技术及管理手段，提供多能源品种、多环节、多客户类型、多种内容、多种形式的能源服务。随着人民生活品质的提升，终端用能需求逐步向多元化发展，传统能源服务已不能完全满足用户需要。国家和地区层面都在相关文件中提出了鼓励综合能源服务的内容，涉及分布式能源、源网荷储一体化、能源互联网、冷热电三联供、区域能源等形式。有研究预测，“十四五”时期，我国综合能源服务将主要在以下三方面发展：一是风、光、生物质、天然气等分布式能源开发利用，年均投资需求预计为1000亿元左右；二是清洁供热服务，如工业余热供暖、生物质供暖、核能供暖等，涉及建筑面积预计达数十亿平方米，相应投资需求为数千亿元；三是冷、氢、压缩空气等供应服务。

（三）我国能源消费绿色低碳水平有待提升

单位 GDP 能耗高于全球平均水平，“十四五”以来下降进度不及预期。如图 6-6 所示，2020 年，全球单位 GDP 能耗约为 222 吨标准煤/百万美元，我国约为 334 吨标准煤/百万美元，是全球平均水平的 1.5 倍。我国能耗强度明显高于主要发达国家水平。2020 年，OECD 国家单位 GDP 能耗约为 140 吨标准煤/百万美元，我国是 OECD 国家平均水平的 2.4 倍，分别为美国、日本、德国、英国、法国的 2.4 倍、2.9 倍、3.1 倍、4.0 倍、3.0 倍。但我国能耗强度在金砖国家中处于较优水平。2020 年，巴西、俄罗斯、印度、南非单位 GDP 能耗分别为我国的 0.8 倍、1.9 倍、1.2 倍、1.5 倍。“十四五”时期，我国提出单位 GDP 能耗下降 13.5%的目标，年均下降率应达到 2.86%。但 2021 年、2022 年，我国单位 GDP 能耗下降率分别为 2.7%和 0.1%，均低于进度要求。可见，我国能源利用效率还有待进一步提升，“十四五”时期完成能耗强度下降目标的压力也较大。

以煤为主的能源结构尚未根本改变，2022 年煤炭消费占比出现反弹。长期以来，主要发达国家的能源结构都以油气为主，煤炭消费占比不高。如图 6-7 所示，2021 年，美国、英国的油气消费占一次能源消费的比重均超过 70%；德国、日本的油气消费占比接近 60%；法国油气消费占比虽然不到 50%，但其核电占比高达 36%。英国、法国的煤炭消费占比仅 3%左右，美国、德国、日本分别为 11%、18%和 27%。从全球来看，油气消费

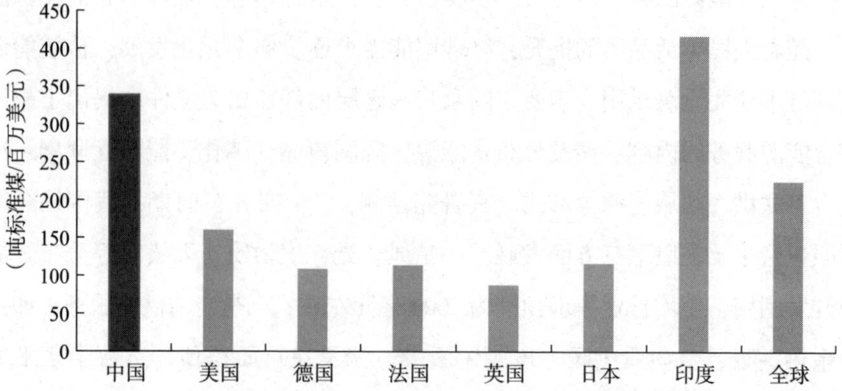

图 6-6 2020 年主要国家和全球能耗强度

占比也超过了 55%，煤炭消费占比不到 27%。在金砖国家中，煤炭消费占比整体较高。其中，俄罗斯凭借优越的油气资源禀赋，油气消费占比高达 76%，煤炭消费占比为 11%；巴西油气占比接近 50%，并拥有 27%的水电占比，煤炭消费占比仅 6%；南非煤炭消费占比超过 70%；我国和印度的能源消费结构类似，煤炭消费占比均接近 56%。可见，近些年来，我国煤炭消费占比虽然已经明显下降，但仍占半壁江山，明显高于发达国家水平和全球平均水平。2022 年，我国煤炭消费占比还出现了小幅反弹，较 2021 年上涨了 0.1 个百分点。

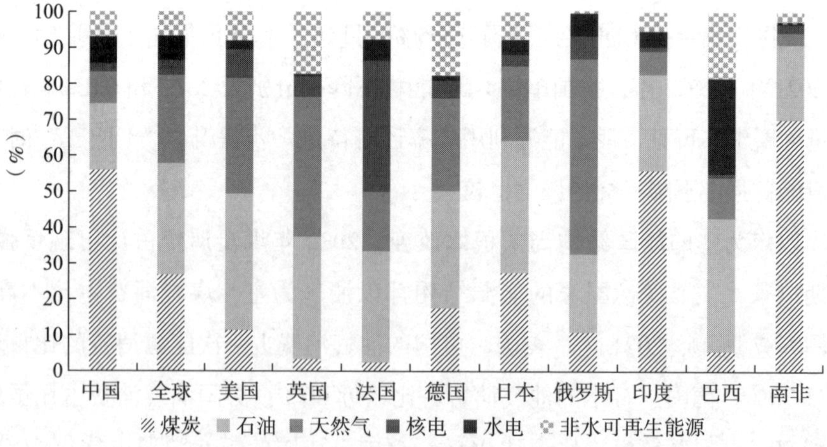

图 6-7 2021 年主要国家能源结构

二、中国式现代化对能源系统提出新要求

党的二十大报告指出：中国式现代化，是中国共产党领导的社会主义现代化，既有各国现代化的共同特征，更有基于自己国情的中国特色。中国式现代化具有五个方面的中国特色，即人口规模巨大的现代化、全体人民共同富裕的现代化、物质文明和精神文明相协调的现代化、人与自然和谐共生的现代化、走和平发展道路的现代化。新型能源体系建设要为中国式现代化建设提供有力支撑，就必须充分考虑这五个特征对能源系统提出的新要求。

（一）人口规模巨大的现代化要求能源系统更加集约高效

新中国成立之初的 1950 年，我国人口 5.54 亿人，约占世界人口的 21.9%；2021 年，我国人口 14.12 亿人，占世界人口的比重下降到 18.0%，但人口总规模位居全球第一。当前，我国人口虽然已经进入减量发展阶段，但在未来较长时期内，仍然会保持人口规模巨大的特点，这将是我国现代化建设过程中的基本国情。14 亿多人共同实现现代化，这在人类发展史上是没有先例的，其他国家的现代化能够提供的经验借鉴也是有限的，我们需要走出一条与众不同的、具有中国特色的现代化之路。

对于能源系统而言，人口规模巨大的特征意味着更加艰巨的挑战。2022 年，我国能源消费量为 54.1 亿吨标准煤，占全球能源消费总量的 26.4%；人均能源消费量为 3.8 吨标准煤，约为全球平均水平的 1.5 倍，但仅为 OECD 国家的 2/3，不到美国的 40%，比日、德等较为节能的发达国家低 20%左右。如果按照发达国家的经验，未来在建设社会主义现代化强国的进程中，我国人均能源消费量还需要进一步上涨，若参考日本水平，2050 年我国能源消费总量将接近 70 亿吨标准煤；若参考美国标准，将超过 130 亿吨标准煤。届时还需满足高比例非化石能源消费占比的要求，才能保障“双碳”目标顺利完成。可以说，在人口规模巨大的特殊国情下，我国人均能源消费量参照美国模式发展，资源环境几乎不可承受；参照日本模式发展，也面临极大挑战。我们必须用更少的人均能源消费支撑

现代化强国目标的实现，建设更为集约高效的新型能源体系。

（二）全体人民共同富裕的现代化要求能源服务更加优质普及

社会主义的本质，是解放生产力，发展生产力，消灭剥削，消除两极分化，最终达到共同富裕。全体人民共同富裕是社会主义的本质要求，全体人民共同富裕的现代化则是中国式现代化的“本质特征”。这就要求在推进中国式现代化的进程中，必须坚持以人民为中心的发展思想，坚持把实现人民对美好生活的向往作为现代化建设的出发点和落脚点，着力维护和促进社会公平正义，着力促进全体人民共同富裕。

对于能源系统而言，全体人民共同富裕的现代化意味着让全体人民共同享受更高质量的能源服务。能源服务是人民生活的基本需求，能源服务质量反映人民生活水平，高水平的能源服务是人民富裕的应有之义，全体人民共同富裕必然要求全体人民普遍享有高水平的能源服务。我国地域辽阔，区域间发展不平衡的问题始终存在，在能源领域主要表现为能源基础设施的覆盖程度、能源供应的保障力度、能源服务的稳定情况等方面的差异。新时代以来，我国加快建设能源惠民利民工程，实施光伏扶贫，推进北方地区冬季清洁取暖，有力促进了民生福祉改善。但当前仍有少量边远地区未接入现代能源服务，农村地区电力基础设施质量和覆盖情况仍不及城镇，空调、采暖、生活热水等终端用能设备保有和使用情况仍与城镇存在差距。新型能源体系必须更好地满足能源普遍服务和高水平服务的要求，才能支撑全体人民共同富裕的现代化的实现。

（三）物质文明与精神文明相协调的现代化要求能源服务更加高端多元

物质文明和精神文明，是人类认识世界、改造世界全部成果的总括和结晶。物质富足、精神富有是社会主义现代化的根本要求。习近平总书记强调，当高楼大厦在我国大地上遍地林立时，中华民族精神的大厦也应该巍然耸立。精神文明也是中国特色社会主义的题中应有之义。只有物质文明建设和精神文明建设都搞好，国家物质力量和精神力量都增强，全国各族人民物质生活和精神生活都改善，中国特色社会主义事业才能顺利向前推进。因此，在推进社会主义现代化建设过程中，必须把物质文明和精神文明相协调的重大原则要求贯穿始终，不仅应解放和发展社会生产力、促进经济持续快速增长，大力发展社会主义物质文明；也应坚定自觉地推动社会主义精神文明建设，推进文化自信自强，大力发展社会主义先进文化，传承中华文明。

对于能源系统而言，其本身就是物质文明的重要内容。新型能源体系建设是物质文明建设在能源领域的具体体现，同时也是精神文明建设的重要物质支撑。在大力发展社会主义精神文明的过程中，文化传播、教育培训、休闲娱乐、观光旅游、交通运输等相关服务产业必然不断壮大，各类商业综合体、展馆、剧院、酒店、交通场站等大型公共建筑将释放更大的建设需求，这些建筑往往具有更为复杂的建筑空间和建筑功能，将对能源服务提出更高、更新的要求，推动能源服务向高端化、多元化发展。

（四）人与自然和谐共生的现代化要求能源系统更加绿色低碳

生态兴则文明兴，生态衰则文明衰。生态文明是人类社会进步的重大成果，是工业文明发展到一定阶段的产物，是实现人与自然和谐发展的新要求。党的二十大报告指出：人与自然是生命共同体，无止境地向自然索取甚至破坏自然必然会遭到大自然的报复。我们在推进社会主义现代化建设的过程中，必须充分尊重自然、顺应自然、保护自然，促进人与自然和谐共生，使之成为中国式现代化的鲜明特征。

对于能源系统而言，能源生产和使用过程是我国温室气体和各类污染物排放的最主要来源。能源活动相关的二氧化碳排放占我国二氧化碳排放总量的近 90%，占我国温室气体排放总量的近 80%。北京大学一项研究显示，在能源领域应用广泛的通用设备——锅炉，消耗了全国约 60%的一次能源，2010—2017 年，排放了全国约 65%的二氧化硫、30%的氮氧化物、50%～63%的二氧化碳、14%～17%的颗粒物、28%～37%的汞。为此，要实现人与自然和谐共生的现代化，必须加快推进能源系统绿色低碳转型。当前，我国生态文明建设进入了以降碳为重点战略方向、推动减污降碳协同增效、促进经济社会发展全面绿色转型、实现生态环境质量改善由量变到质变的关键时期。碳达峰碳中和战略对能源系统绿色低碳转型提出了系统全面且前所未有的更高要求。我们只有完整落实碳达峰碳中和有关要求，加快规划建设新型能源体系，如期实现提高能效、优化用能结构等方面的各项具体目标，才能实现人与自然和谐共生的现代化建设。

（五）走和平发展道路的现代化要求能源系统更加自主可控

中国和世界各国的发展历史都证明，没有和平就不可能顺利发展。坚定和平发展，是中国共产党始终坚持的战略选择。坚定不移走和平发展道路，是顺应时代潮流的，是习近平总书记在世界百年未有之大变局和实现中华民族伟大复兴战略全局时代背景下对中国之问、世界之问、人民之问、时代之问的科学回答。党的二十大报告指出：我国不走一些国家通过战争、殖民、掠夺等方式实现现代化的老路，那种损人利己、充满血腥罪恶的老路给广大发展中国家人民带来深重苦难。我们坚定站在历史正确的一边、站在人类文明进步的一边，高举和平、发展、合作、共赢旗帜，在坚定维护世界和平与发展中谋求自身发展，又以自身发展更好地维护世界和平与发展。

对于能源系统而言，能源资源争夺长期以来都是国家间战争、地区间冲突的重要起因。我国要实现社会主义现代化强国建设，也需要大量能源资源支撑。我国要建设走和平发展道路的现代化，就需要在不掠夺他国、主要依靠自身努力的前提下，保障能源供应安全。这要求我国能源体系必须具有较高的能源自给率和国产化水平，才能具备较强的自主可控性，将能源的饭碗牢牢端在自己手里。当前，我国非化石能源占比正在快速提高，但仍处于较低水平，石油和天然气对外依存度仍分别超过 70% 和 40%，煤炭仍需发挥“压舱石”作用。可再生电力占比不断提升对传统电力系统带来的冲击、煤炭承担着减碳和保供的双重任务、在能源消费持续较快增长的态势下实现碳达峰目标，这些都是当前能源系统面临的重大挑战，需要通过构建新型能源体系来系统解决。

三、我国能源消费转型面临的挑战

中国式现代化对能源系统提出了诸多新要求，其中，对能源消费提出的最核心要求就是绿色低碳。但我国当前推进能源消费绿色低碳转型还面临以下几方面的挑战。

（一）技术支撑亟待强化

科学技术是文明进步的重要支撑。没有先进节能低碳技术的支持，难以实现能源消费绿色低碳转型。就我国能源消费转型的目标，特别是2060年前实现碳中和的目标而言，绿色低碳技术支撑有待强化。

一是成熟技术的应用效果和产品质量有待提升。这类技术已经基本具备了推广条件，但由于实际应用效果达不到预期或不能令使用者满意，导致推广进度较慢。例如，我国正在加快推广超低能耗、近零能耗建筑，这类建筑供热需求非常低，即便在北方地区冬季也无须集中供暖，只需在最冷时段用热泵进行少量补热即可。但目前较多示范项目由于施工质量不高导致实际供热需求高于设计值，且很少有项目敢于不建备用的集中供热系统。又如，为提升终端用能电气化水平，需要更多居民选用电炊具替代燃气灶具做饭，但受一些不良体验的影响，仍有部分居民认为电炊具做饭的品质不如燃气灶具，自主进行设备替代的意愿有待进一步调动。

二是前沿技术的研发和示范亟待加强。研究显示，现有技术尚不能支持碳中和目标的实现，主要是难减排领域尚缺乏成熟的技术措施。例如，工业领域部分工艺的原料难以用电力和可再生能源替代，交通领域部分车辆、飞机、船舶等用燃油难以用电力或可持续燃料替代，相关的氢能炼钢、水泥原料替代、重型货车燃油替代等关键技术尚在研发示范中，技术经济性有待提升，规模化应用时间尚不确定。

（二）相关主体内生动力依然不足

能源消费绿色低碳转型涉及的主体众多，政府、企业、居民都包含在其中。当前，部分主体推进绿色低碳转型的内在动力依然不足，原因既有客观方面的，也有主观方面的。

客观来说，能源转型往往带来用能成本增加，影响了用能者自主推进的意愿。从近中期看，电力、天然气和可再生能源替代煤炭在终端的直接利用，往往会增加直接用能成本。相关清洁能源利用设备的购置和安装也会增加成本，如工业企业“煤改电”“煤改气”设备、居民领域清洁取暖的热泵等。此外，绝大部分能效提升措施都会增加投资，但部分措施节省的运行费用又较为有限，导致投资回报期过长，如北方地区部分既有居住建筑节能改造的回收期甚至超过20年。

主观来说，部分主体对绿色低碳转型重要性的认识仍不到位。个别地方政府只看到绿色低碳转型带来的短期成本增加，而忽视了发展方式转变将产生的长远效益，尤其在经济下行压力较大时，往往放松节能降碳要求，通过大量上马传统的甚至存在产能过剩风险的“两高”项目实现短期经济增长，但却给长期经济增长带来隐患。部分企业认为绿色低碳转型、节能降碳改造不是必须选择，还会增加成本，管理部门没有要求时，便不主动推进，尤其是在经营状况欠佳时，更是无暇顾及。

（三）相关体制机制仍需完善

能源消费绿色低碳转型也需要配套体制机制的支持，但当前我国促进能源消费绿色低碳转型的体制机制尚不健全。

一是部分约束机制有待强化。例如，《中华人民共和国节约能源法》要求“建立省、市、县三级节能监察体系”“节能监察机构应当强化日常节能监察和执法”，但目前部分地区节能监察机构人员匮乏甚至被撤销，节能执法的职能难以发挥。又如，我国2008年出台的《民用建筑节能条例》要求开展建筑能效标识，由于缺乏约束性的适时要求和适宜的激励机制，多年来该项工作推进缓慢，实际进行能效标识的建筑数量非常有限，且个别项目标识过程存在“走过场”现象。

二是部分激励机制有待健全。例如，我国北方地区有大量低品位工业余热资源可用于供暖，目前已有一批成功的示范项目落地，但大规模推广还存在一些障碍，热费结算机制不合理就是其中一个。余热供暖项目需要尽可能降低热网回水温度，但采取相关技术措施的主体在现有热费结算机制下并不能获得相应的经济收益，影响了其推进降低热网回水温度的主动性，从而影响了整个项目的节能效果。

三是技术选择评价方法有待完善。部分地区政府或业主在选择绿色低碳技术时，未从技术实际节能降碳效果出发，也未综合考虑技术的应用条件、运行成本、当地的资源禀赋等情况，导致技术路线选择不科学，实际应用效果不佳。例如，北方地区部分村镇在推进清洁取暖过程中，片面追求较低的初装成本和较快的推进速度，选择了直接电采暖方式，导致后期政府补贴停止后，农户因难以承受高昂供暖费用又回归燃煤取暖的现象出现。

（四）在能源消费快速增长阶段推进转型难度更大

能源消费绿色低碳转型的两条主要途径是提高能效和优化用能结构。从发达国家历史经验看，大多数国家基本都是在能源消费增长趋于稳定或达峰后才逐步推进能源转型。一方面通过节能提效措施加快能源消费总量下降；另一方面大力发展可再生能源和清洁能源，促进电源结构和终端用能结构优化。

我国目前仍处于城镇化快速发展阶段，工业化尚未完成，数字化信息化正在加快推进，建筑、交通、信息基础设施等领域能源消费还存在刚性增长需求。我国区域发展不平衡，农村地区和西部地区能源普遍服务水平和服务质量还有待进一步加强。全国人均用能水平与完成工业化、城镇化的发达国家相比还偏低。总体来看，我国能源消费量在未来一段时间仍会较快增长。

然而，留给我国完成能源转型的时间又非常有限，我们需要在能源消费持续增长的情况下实现碳达峰。非化石能源不仅要逐步承担起全部新增用能需求，还要逐步替代存量能源需求中的化石能源消费，这需要非化石能源以更快的速度发展。同时，我们还要随时应对可能出现的各种断供风险，切实保障能源安全。这无疑是一项巨大挑战。此外，碳达峰之后，我国还要在仅仅 30 年的时间内实现碳中和，这样的时间进度在发达国家中也是没有先例的。

四、能源消费转型国际经验

（一）全球能源消费演进历程

能源是人类社会赖以生存和发展的物质基础，也是国际政治、经济、军事、外交等活动关注的焦点。如图 6-8 所示，随着经济社会的发展，全球能源消费持续增长，1965—2021 年，从 53.2 亿吨标准煤增加到 206.1 亿吨标准煤。与此同时，伴随着人类文明史的发展，人类对能源的利用经历了从薪柴时代到煤炭时代、油气时代，再到新能源时代的演变。每一次能源系统的转型升级都是社会进步、科技发展的结果，同时也带来了人类社会生产力水平的飞跃。

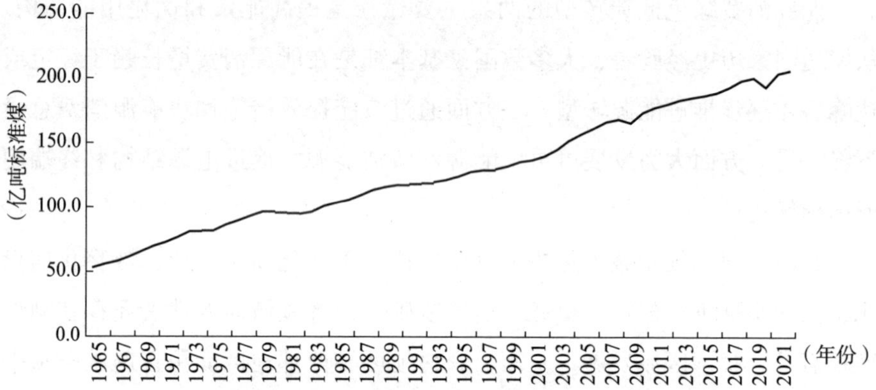

图 6-8　1965—2022 年全球能源消费量

1. 传统生物质能源消费转向化石能源消费

薪柴时代到煤炭时代。18 世纪中后期，传统的手工业生产方式已不能满足日益增长的市场需求，技术变革呼之欲出，第一次工业革命悄然发生。与之相伴的是，人类社会出现了第一次能源转型，秸秆、薪柴等传统生物质能逐步被煤炭取代，畜力、人力等传统手工业的动力来源逐步被以煤炭为燃料的机械动力源取代，人类开始进入化石能源时代。能源系统的第一次转型有力支撑了第一次工业革命的成功，将人类送入工业文明。与工业革命类似，第一次能源转型也从英国开始，而后向其他国家和地区扩散，各国开始转型到完成转型的时间有所不同，整个进程大致持续了 200 年。

煤炭时代到油气时代。全球煤炭消费占比在 20 世纪初期达到顶峰，之后油气的占比开始逐步提升，全球能源系统逐渐从煤炭时代向油气时代过渡。随着石油工业的发展，特别是第二次世界大战中，石油替代煤炭作为英国军舰的能源动力，显著提升了军事行动的效能，石油的应用越来越广。二战后，石油逐步成为工业生产的主要能源，油气消费逐步替代煤炭消费。20 世纪 70 年代前后，石油已超越煤炭成为全球占比最高的能源消费品种，推进了全球工业化和电气化的发展，加速了新一轮工业革命。相关统计数据显示，与 1965 年相比，1973 年全球煤炭消费占比从 37.5%下降至 26.8%，石油消费占比从 42.0%增长至 49.8%，天然气消费占比从 14.6%增长至 17.3%。20 世纪后期，全球主要经济体大多已进入油气时代。

2. 化石能源消费转向低碳能源消费

当前，全球正在进行着从高碳能源向低碳能源的新一轮能源转型。本次转型从 20 世纪中期开始出现苗头，天然气、水能、核能等清洁能源不断兴起。20 世纪 70 年代石油危机后，虽然世界多国重新重视了煤炭资源，但伴随着经济增速的放缓，更多国家着手考虑通过提高能效、开发新能源等方式实现经济增长与化石能源消费脱钩。特别是 20 世纪 90 年代之后，人类对气候变化问题的认识逐步深入，全球在绿色发展方面基本形成共识，推进能源系统低碳转型已成为各国共同努力的方向。石油危机之后，非化石能源加快发展，2022 年，全球煤炭消费占比维持在 27%左右，石油消费占比已降至 30.9%，天然气消费占比提升至 24.5%，非化石能源消费占比增至 17.7%（见图 6-9）。

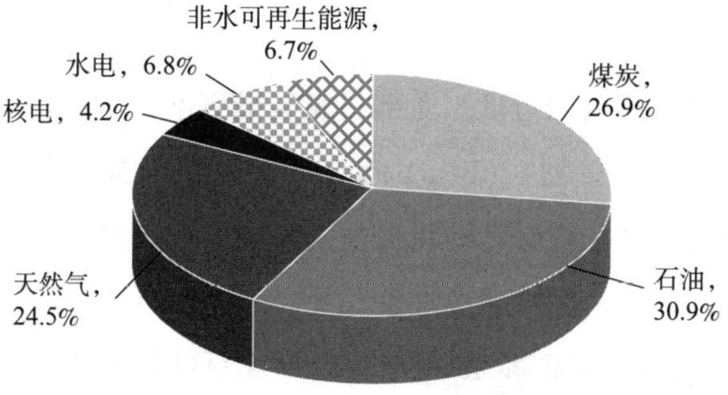

图 6-9　2022 年全球一次能源消费结构

资料来源：BP 统计年鉴

（二）全球能源消费转型路径

当前全球主要经济体都在积极推进能源消费绿色低碳转型，尽管各国采取的转型战略各有侧重，采取的具体措施不尽相同，但总体上可以归纳为五个方面的路径。

1. 持续提升能源利用效率

节能和提高能效是实现绿色低碳发展的最主要途径之一。国际能源署（IEA）研究显示，在21世纪下半叶全球实现碳中和的情景下，2050年前节能和提高能效对碳减排的贡献率为37%，是贡献最高的减排措施。发达经济体普遍重视节能和提高能效，在其能源转型战略中明确了一系列相关目标任务。

德国政府认为只有“不断提高能效，才能以低成本、高效率的方式实现能源转型和气候保护目标”，并将“能效优先原则”写入国家法律，努力把德国打造成为“全球最节能、能效最高的经济体”。德国提出到2045年终端能源需求需要比目前水平降低28%~37%，对于占终端能源消费量最高的建筑部门，德国要求其能源需求较目前水平降低50%。德国通过制定《建筑能源法》，对建筑新建和改造提出强制性能效要求，并为建筑节能改造项目提供补贴。德国在工业领域着力提升电动机、水泵、风机、空气压缩机和制冷压缩机等四大类电动机械的能效水平，因为其用电量占工业领域用电量的一半左右。同时德国也在加强工业领域的废热资源的回收利用。

美国将提高能效视为近期工业部门脱碳最有潜力的手段，美国能源部发起的“更好的工厂计划”（Better Plants Program），提出在未来10年降低25%的能耗强度。拜登政府进一步提高了车辆的燃料经济性。美国要求轻型车到2026年的平均燃料经济性要达到49加仑/英里①，较特朗普时期2026年的标准提升了8.5加仑/英里。美国建筑部门的脱碳也主要依赖于能效提升，包括采用更保温的门窗、墙体以及能效更高的灯具、空调、冰

① 1加仑约为3.79升，1英里约为1.61千米。

箱等家用电器，计划到2030年将建筑部门能源需求减少9%，到2050年减少30%。

欧盟计划到2030年将终端能源消费降低32.5%~36%，提出2024—2030年所有成员国完成每年节能1.5%的目标，公共部门需实现每年节能1.7%。欧盟还提出将工业部门2030年的能效提升目标从此前的9%调高到13%，并计划到2030年，通过可再生能源利用、电气化和提高能效等措施使工业部门节省350亿立方米的天然气。欧盟《欧洲绿色协议》（The European Green Deal）提出：到2030年，完成对3500万栋建筑的节能改造。《欧盟建筑物能源性能指令》（Energy Performance of Buildings Directive，EPBD）对既有建筑的最低能源性能标准进行了规定，并要求2030年起所有新建建筑实现零排放。

日本制定并不断修订《建筑节能法》以提高建筑节能标准要求。新修订的法律扩大了适用建筑的范围，要求在开工前需先判定建筑保温隔热性能和能耗指标是否符合标准，要求建造住房时必须采用高效的制冷制热设备。对于现有住房的节能改造，住宅金融支持机构还将提供最高500万日元的低息贷款。

2. 大力推进终端用能电气化

电力是终端能源消费的重要品种，随着电力系统逐步清洁低碳化，终端用能也必须相应提升电气化程度，才能真正实现整个能源系统的绿色低碳转型。作为新一轮能源革命的重要标志，电气化在促进终端用能方式迈向中高级、扩大可再生能源消纳利用等方面发挥着关键作用。近年来，世界主要经济体都在大力推进终端用能电气化，预计到2030年、2050年，全球终端能源消费电气化率将分别达到25%和50%。

美国大力发展电动汽车和充电基础设施，拜登政府计划将电动汽车占新车销售的比重从2021年的4%大幅提升至2030年的50%。美国《通货膨胀削减法案》提出对消费者购买电动汽车给予税收减免，相关政策将一直延续到2032年。拜登政府计划投资75亿美元用于电动汽车充电桩的建设，确保美国到2030年能够拥有50万个以上的充电桩；并注重保障电池生产供应链的安全稳定，提出加大国内关键矿产资源的生产水平，提供约70亿美元用于国内电池生产和回收利用相关产业的发展。美国还计划将建筑部门的电气化率由2020年的50%提升至2050年的90%，并计划将电热泵、电炊具等建筑用电设备的市场销售份额到2030年提升至60%，到2050年提升到100%。美国也在工业领域积极推进电能替代化石能源消耗的进程。

日本钢铁联盟将发展大型电弧炉，大规模生产优质钢，作为推进2100年实现“零碳钢”目标的重要举措。日本计划在未来15年内逐步停止销售燃油车，由混合动力汽车和电动汽车替代燃油车的市场份额。同时，日本政府积极促进电动汽车成本加速下降，计划到2030年将电动汽车的电池成本降至1万日元（约500元人民币）/千瓦时，并降低充电等相关费用，使用户使用电动汽车的成本降至燃油车水平。

欧盟将电气化视为工业部门脱碳的主要措施之一，支持水泥窑炉电气化等突破性技术的示范。俄乌冲突以来，欧盟加快在建筑领域推行电能替代和可再生能源替代，用于减少化石能源为建筑供电、供热、制冷的使用，以缓解天然气危机。

3. 积极建设低碳供热体系

供热是终端用能部门重要的用能方式，在建筑和工业领域普遍应用。对于集中供热而言，热力生产过程是重要的碳排放来源；对于分散供热而言，供热往往是终端用能中最难进行低碳化替代的环节。世界主要经济体也都非常关注低碳供热系统的发展。

丹麦是低碳供热的先驱。近些年，丹麦、瑞典等北欧学者提出了第四代区域供热技术体系，也被称为“北欧模式”。该模式采用低温供热方式，并配备储能系统和智能化系统，能够尽可能利用可再生能源和工业余热资源，具有更高效、更低碳、更灵活、更经济等特征。丹麦广泛应用第四代区域供热技术，哥本哈根大区的区域供热系统将为22个城市中的100万户居民提供经济低碳的热力供应。为了实现系统性的低碳供热，丹麦也非常重视高性能储热技术的研究与示范。丹麦是全球最早推动太阳能相变储热区域供热的国家，也是当今世界上最大的太阳能相变储热区域供热市场。早在 1983 年，丹麦科技大学就建立了世界首例 500 立方米的大型储热水体。2016 年底，丹麦的大型太阳能相变储热区域供热系统集热器安装量占全球该类系统的 80%。目前，丹麦的大型相变储热区域供热技术较为成熟，其跨季节相变储热系统大多数采用“热电联产锅炉+太阳能+相变储热+区域供热”的模式，不仅能够实现太阳能的有效消纳，也能够降低火电厂调峰负荷。

其他发达国家也非常重视低碳供热。欧盟发布的《欧盟建筑物能源性能指令》（EPBD）修正案规定：从 2027 年起，禁止对化石燃料供热进行补贴；2030 年前的新建建筑和深度改造建筑禁止采用化石燃料供暖。英国政府在“清洁增长战略”（Clean Growth Strategy）和“绿色工业革命的十点计划”（Ten Point Plan for a Green Industrial Revolution）中提出“到 2050 年几乎所有建筑物都将实现供暖脱碳”的长期目标，并将鼓励使用清洁供热系统作为实现该目标的主要措施之一。美国发起的“更好的能源、排放和公平倡议”（Initiative for Better Energy，Emissions，and Equity），也包括加强清洁供暖和制冷技术研发、示范和应用的有关内容。

4. 加快氢能利用的研发示范

绿氢为化石能源难以替代的领域提供了低碳解决方案。各国都将氢能视为关键的未来能源，大力推动氢能技术的研发示范，并促进技术应用成本下降。国际能源署研究表明，若要实现到 2050 年全球净零排放，2030 年全球氢能消费量预计达到 2 亿吨/年。国际氢能理事会预测，到 2050 年氢能在终端能源消费中占比将达到 25%，同时可再生能源制备的绿氢将满足 80%以上氢能需求。

欧盟将绿氢视为工业部门脱碳的重要手段，提出：到 2030 年，实现可再生能源制氢 1000 万吨，进口 1000 万吨，并要求成员国确保到 2030 年非生物基可再生能源制氢占工业终端用氢和非能源用氢的 50%；到 2035 年，该比例至少达到 70%。欧盟认为氢能炼钢将成为钢铁部门实现到 2050 年减碳 80%~95%目标的重要手段。

德国计划在2030年前建成具备1000万千瓦的电解水制氢能力的设施，主张在长途重载交通运输、冶金、化工和季节性补偿发电领域使用氢能。德国致力于加氢站网络建设，并在此基础上推广以氢能长途重卡为主的氢能汽车发展，计划到2023年底建成400个加氢站。德国能源署预计，未来10年内氢燃料电池汽车的总成本将下降50%左右，氢能汽车有望在行驶里程较长的小汽车领域占有较大比例。德国认为氢能在工业部门的主要应用领域为钢铁和化工行业，包括钢铁冶金、合成氨和碳氢化合物的生产。德国的杜伊斯堡—沃尔苏姆钢铁厂，也是欧洲最大的钢铁厂，已经启动了500兆瓦电解水制氢和氢能炼钢的示范项目。在发电领域，氢能主要用于替代天然气作为补偿电源，特别是在季节性波动的调节中发挥储能作用。

英国计划投入2000万英镑支持氢能交通枢纽示范项目建设，以推动氢能交通枢纽在2025年实现商业化运营，满足公交汽车、长途汽车、重型卡车等氢燃料车的大规模加氢需求。

5. *不断强化供需互动*

能源转型带来能源供需两侧出现新变化，导致电力系统时段性、区域性供需矛盾更加凸显。能源供给侧风、光等可再生能源电力增加，波动性显著增强；需求侧电力消费占比持续提升，峰谷差不断拉大，系统平衡难度加大。为保障电力系统平稳运行，各国都在积极探索加强能源供需两侧互动。

欧盟提出，成员国应通过激活所有产业部门和居民家庭的负荷灵活性来减少高峰时段的电力需求，并应设定到2030年将峰值电力需求减少5%以上的目标，以增加电力系统灵活性。欧盟要求成员国在确保电网稳定性和供应安全的同时，将可再生电力并入电网，通过建设储能设施、开展需求侧管理和建立虚拟电厂等措施促进可再生电力消纳。同时，欧盟还非常重视电动汽车参与电网调节。预计到2030年，欧盟将拥有超过3000万辆电动汽车，通过对电动汽车充放电进行管理，将能够以成本最优的方式实现对高比例可再生电力的消纳。

美国是最早进行电力需求侧管理的国家，随着智能电网技术的发展、需求侧可控资源的增多，美国对电力需求侧管理进行了多种技术和模式上的创新。例如，美国售电公司通过建设能源数据云平台实现对智能电能表采集的大数据进行分析、预测、监控，并通过网络与电力用户实时共享数据信息，提高用户削减负荷和对价格信号做出需求响应的精准度。

德国通过示范项目探索创新电力需求侧管理模式。德国售电公司依托能源互联网开展了多个电力需求侧管理示范项目。例如，哈茨地区 RegMod 项目，通过整合用户侧储能、电动汽车、智能家居、分布式发电设施等资源，根据价格信号控制储能设备充放电和智能家居启停来实现电力需求侧管理。

五、我国能源消费转型路径

立足国情实际，借鉴发达国家经验，我国推动能源消费绿色低碳转型，需要在提高能效、提升电气化水平、开展零碳供热、推动氢能利用、加强供需互动等方面重点发力。

（一）坚持节能优先，进一步提升能源利用效率

坚持节能优先，实施全面节约战略，进一步提升能源利用效率。通过推进产业结构调整、实施重点领域节能、完善相关体制机制，实现单位 GDP 能耗持续下降。

工业领域。一是推进制造业内部产业结构升级，促进高附加值产业增加值占工业增加值比重持续提升。以医药、机械制造、电子产品为代表的高附加值产业增加值比重力争从 2020 年的不足 35%提升至 2060 年的 50%。二是严格控制“两高”项目盲目上马，控制高耗能产业规模，推动需求减量发展。力争实现钢铁、水泥等高耗能产品产量在“十四五”时期达峰。三是变革工业生产和组织方式，大力推进再生工艺应用，进一步降低高耗能产品单耗水平，实现能效倍增。到 2060 年再生铝、电炉钢、再生塑料产量占全部产量比重力争分别提升至 40%、50%和 35%，主要高耗能产品能效比 2020 年提升 15%~25%。

建筑领域。一是规模化发展超低能耗建筑、近零能耗建筑和零碳建

筑，避免能耗锁定效应。到 2027 年，超低能耗建筑实现规模化发展，北方城镇地区居住建筑力争到 2030 年全面执行超低能耗建筑标准。鼓励京津冀、长三角等发达地区率先执行近零能耗建筑标准。二是实施既有建筑深度节能低碳改造，深挖存量节能潜力。结合城市更新、北方地区冬季清洁取暖、重点城市公共建筑能效提升、大规模设备更新和消费品以旧换新等工作统筹推进。严寒和寒冷地区持续开展用户侧能效提升改造、供热管网保温及智能调控改造。夏热冬冷地区结合建筑采暖、空调、通风需求，着力实施保温隔热、遮阳等改造措施。加快推进农房节能改造和绿色农房建设。三是提升建筑智能化水平，实施低碳智慧运维改造。强化建筑用能计量、监测，推动新建建筑建设智能化运行管理平台，鼓励既有建筑开展智能化改造，推动建筑能源系统逐步实现智能化运行。

交通领域。一是优化交通运输结构，提高低碳高效运输方式比重。构建以铁路、高铁为骨架的交通运输体系。加快水路运输发展，大力发展多式联运，提升海铁、水铁联运水平。深入实施公交优先战略，完善慢行交通基础设施，到 2030 年主要城市绿色出行分担率超过 70%。二是提高交通运输工具效率，降低单位周转量能耗。加快推广普及怠速启停等节能技术，到 2030 年实现全国传统乘用车新车百千米平均油耗下降至 4. 80 升。三是提升交通运行智能化水平，提高交通运输系统整体效率。推动信息与通信技术（Information and Communications Technology，ICT）跟交通系统融合，优化物流系统、城市交通管理系统，发展共享出行、车辆网、物联网等平台，打造人、车、路、网协同的智能交通体系。

（二）合理把握节奏，持续提高终端用能电气化水平

结合电力系统低碳化进程，综合考虑技术、成本等多方面因素，持续提升终端用能领域电气化水平。

工业领域。推动制造业内部产业结构升级，加快发展电子仪器、汽车、新能源等用电比例高的行业。调整生产工艺结构，如推动短流程电炉钢比重，提高钢铁行业电气化率。推进电能替代，促进工业过程加热系统电气化，采用先进电驱技术替代蒸汽驱动。推动工业生产信息化智能化升

级，如用工业机器人替代人工，推广增材制造、3D打印等。到2060年，力争工业领域电气化率达到50%。

建筑领域。因地制宜开展电能替代，提高电气化率。在超低能耗、近零能耗、零能耗等建筑中配套推广热泵供暖方式，在夏热冬冷地区因地制宜推广热泵集中或分散供冷供热系统，在条件适宜的农村建筑中推广热泵供热。加快推进炊事用能电气化，新建公共建筑率先普及电炊具。加快推进热泵和电加热制备生活热水的应用。示范推广集光伏发电、储能、直流配电、柔性用电于一体的“光储直柔”建筑。到2060年，力争实现建筑终端用能电气化率达到80%。

交通领域。大力推广电动汽车，结合大规模设备更新和消费品以旧换新等政策鼓励消费者购买电动汽车，同时加快充电基础设施建设，力争到2060年乘用车基本实现全面电动化。实施铁路电气化改造，进一步提升铁路电气化率。继续推动港口岸电设施建设，鼓励提升港口岸电使用率，在覆盖率增长的基础上增加岸电使用量。逐步发展电动化船舶、电动化小型飞机。

完善相关机制。加强先进用电设备和相关技术研发，提高用电设备的服务水平，拓宽电力消费途径。加强电力输配设施建设，推动农村电网升级，加快充换电设施建设。完善电价形成机制和低碳电价政策，提升终端用能领域电能替代的经济效益。

（三）多措并举，构建零碳供热体系

以建筑供热、工业用热为重点，积极打造低碳区域供热，加快推进热电协同，持续完善政策机制，多措并举，推进供热系统低碳转型。

科学选择建筑供热方式。北方城镇地区继续用好既有集中供热管网，优先并充分利用各类余热资源替代化石能源供热；在集中供热管网未覆盖区域或超低能耗、近零能耗建筑中，因地制宜发展各类热泵、中深层地热、太阳能、生物质等供热技术。夏热冬冷地区城镇建筑优先采用热泵供热。农村建筑在做好建筑本体节能改造的基础上，优先采用空气源热泵分散供热。

实现工业用热深度减碳。加紧开展钢铁、化工、建材等高耗能产业的热力需求分析，研究开发工业中高温热力和工艺用热的低碳解决方案，支持开展相关技术试点示范，条件成熟后加快推广应用。

打造低碳区域供热系统。借鉴国际经验，结合地区实际，利用现有供热管网，充分整合工业余热和太阳能、地热能、生物质能等各类可再生能源，建设低温供热系统，实施供热管网节能和智能化改造，积极打造低碳零碳区域供热。

推进热电协同。鼓励热电联产、电热泵、电锅炉等热电协同设备和系统的应用，加快发展不同时长的储热设备和储热系统，开展跨季节储热技术示范，提高供热系统灵活调节性能，提升与电网协同运行的能力。

完善政策保障机制。调整完善供热定价机制，修改完善成本核算制度，建立包含环境外部性及碳成本在内的标杆热价制度。完善工业余热等低温热源接入供热管网的热费结算机制。建立健全促进储热和热电协同发展的政策机制。继续推进热计量收费制度，因地制宜灵活选择计量方式。完善热费补贴机制，精准补贴城市低收入群体和农村弱势群体。

（四）统筹谋划，推进氢能多元化应用

未来，氢能将扮演高效清洁的二次能源、灵活智慧的能源载体、绿色低碳的工业原料这三重角色，在工业、交通、能源、建筑等领域发挥重要作用，与可再生电力形成协同，实现碳达峰碳中和目标。

推动氢能在工业领域的原料替代和燃料替代。原料替代方面，鼓励钢铁、石化、化工企业积极布局氢能产业、研发氢能工艺，积极推进氢能炼钢、绿氢替代灰氢、以氢固碳等项目和产能建设。燃料替代方面，在中高品位热力需求领域有序开展氢能或天然气掺氢燃料替代。

推动氢能及富氢燃料在交通领域的替代。依托氢燃料电池及“Power to X”（电制燃料）等技术，以绿氢为基础发展绿氨、绿醇等低碳零碳燃料，发挥能量密度方面的巨大优势，与纯电动路线互补，逐步替代重载卡车、远洋船舶、航空航天等领域使用的化石能源。

发挥氢能在新型电力系统中的储能调峰作用。将氢能作为重要能源载

体，完成能源系统跨时间调节、跨区域配置和跨品种耦合的任务。在终端电力负荷不足时将电力转化为氢，在电力负荷紧张时通过氢内燃机或燃料电池的方式进行发电。未来，该模式将在高比例可再生能源的电力系统中扮演重要角色。

因地制宜在建筑等领域推动氢能应用。在综合考虑能源可达性、经济性、能源转化效率等因素的基础上，推动氢能在高档别墅区、偏远地区、牧区、海岛等领域的应用。针对 5G 基站、数据中心等场景，探索“光伏+氢储能+燃料电池发电”等分布式能源发展模式。

（五）创新模式，强化能源供需互动

在未来能源系统中，供应侧可再生电力与消费侧电力消费的占比将大幅提高，增强供需两侧互动，优化配置多种能源资源，调节尖峰负荷，实现能源供需两侧更高效、更低碳地运行，这不仅是可能的，也是必要的。

分步推进车网互动。在我国已经启动需求响应市场的省区市，推动电动汽车与需求响应整合，加快推动电动汽车为电网提供调频和旋转备用服务，完善电价形成机制，适当拉大峰谷电价差。推动电动汽车与接有风力、光伏等分布式可再生能源并配有储能、负载、变配电、控制系统的小型电力系统微电网相结合，发挥其作为分布式能源与配电网之间桥梁的作用，或支持微电网独立运行，减少对大电网的依赖和影响，提升微电网的灵活性，提高可再生能源消纳比重。

提升电力需求侧响应能力。鼓励大工业用户改进工艺流程，发挥可中断负荷、可控负荷等功能。引导居民、一般工商业用户释放用电负荷弹性。开展工业可调节负荷、建筑空调负荷、大数据中心负荷、用户侧储能、V2G 等各类资源聚合的虚拟电厂示范。

创新商业模式。培育一批负荷集成商，调动和挖掘不同行业的响应潜力，与供电侧备用机组竞争，参与备用市场调度，并获得经济回报。重视包括电动汽车充电设施平台、需求响应资源平台、分布式能源管理平台等在内的相关平台建设，打破平台间的壁垒，实现互联协调沟通。

着力提高终端用能智能化水平。将 5G、人工智能、大数据等技术与终

端用能系统深度融合，对工业生产、建筑、交通等用能系统进行监测和分析，准确掌握用电负荷情况，为实现供需互动提供技术支撑，并通过智能化调度，提升终端用能效率。

参考文献

[1]European Commission. “Fit for 55”: Delivering the EU’s 2030 Climate Target on the way to climate neutrality[EB/OL]. (2021-07-14). https://eur-lex. europa. eu/legal-content/EN/TXT/HTML/? uri=CELEX: 52021DC0550.

[2]GOV. UK. Net zero Strategy: Build Back Greener[R/OL]. https://www. gov. uk/government/publications/net-zero-strategy, 2021-10-19.

[3]The White House. The Long-term Strategy of the United States: Pathways to Net-Zero Greenhouse Gas Emissions by 2050[R/OL]. https://www. white-house. gov/wp-content/uploads/2021/10/US-Long-Term-Strategy. pdf.

[4]《党的二十大报告学习辅导百问》编写组．党的二十大报告学习辅导百问[M]. 北京：党建读物出版社，学习出版社，2022.

[5]陈政，王丽华，曾鸣，等．国内外售电侧改革背景下的电力需求侧管理[J]. 电力需求侧管理，2016，18(3)：62-64.

[6]德国国际合作机构．碳中和背景下德国能效政策研究报告[R]. 北京，2022.

[7]符冠云．氢能在我国能源转型中的地位和作用[J]. 中国煤炭，2019，45(10)：15-21.

[8]谷立静．加快完善建筑绿色低碳发展机制　助力碳达峰碳中和[J]. 中国能源，2022，44(6)：25-30.

[9]谷立静，裴庆冰．“双碳”战略下节能稳步推进　任务依然艰巨——2022年节能工作进展及2023年形势展望[J]. 中国能源，2023，45(3)：74-82.

[10]胡润青．碳中和目标下的供热脱碳路径研究[J]. 中国能源，

2022，44(6)：42-47.

[11]沈源，黄蕾．镇江推进综合能源服务平台落地[N]．国家电网报，2019-03-26.

[12]王毅．全面推进中国特色大国外交[N]．人民日报，2022-11-08.

[13]王志．日本钢铁行业为应对全球气候变暖所实施的节能减排措施[EB/OL]．http：//www.tanpaifang.com/jienenjianpai/2019/1124/66436.html，2019-11-24.

[14]伊文婧．我国交通运输节能进展及未来重点任务[J]．中国经贸导刊，2023，40(7)：24-25.

[15]张茜，苗盛，陶光远．氢能的应用领域与成长空间[J]．能源，2022，15(3)：64-67.

[16]中国政府网．高举中国特色社会主义伟大旗帜　为全面建设社会主义现代化国家而团结奋斗——在中国共产党第二十次全国代表大会上的报告[EB/OL]．(2022-10-16)．http：//www.gov.cn/xinwen/2022-10/25/content_5721685.htm.

[17]中国政府网．习近平主持中央政治局第二十九次集体学习并讲话[EB/OL]．(2021-04-30)．http：//www.gov.cn/xinwen/2022-10/25/content_5721685.htm.

第七章

推动新型能源装备产业体系建设

内容摘要： 新型能源装备是将风电、光伏等新能源转换为电力的装备，它是构建新型能源体系的核心支撑，具有系统性强、集成创新要求高、研发应用周期长等特点，是高端重型装备的重要组成部分。随着全球能源加速转型，新型能源装备产业规模保持稳定增长，其中，我国新型能源装备产业规模全球领先，2022年产业规模达7443.2亿元。目前，我国新型能源装备产业具备了良好的营商环境优势、超大规模的市场优势和产业齐全的配套优势，并不断与新一代信息技术相结合，逐步从低端竞争转向高端竞争。政府和企业在提高新型能源装备产业发展经济性的同时，需从提升产业战略定位、落实产业激励政策、加强产业协同、降低对外依存度、扩大高水平对外开放及实现技术自立自强等方面重点发力，加快提升我国新型能源装备产业链供应链的韧性和安全水平。

一、新型能源装备产业体系建设背景

（一）新型能源装备产业是构建新型能源体系的核心支撑

建设新型能源体系有别于以往的现代能源体系，需要从提升产业战略定位、落实产业激励政策、加强产业协同、降低对外依存度、扩大高水平对外开放及实现技术自立自强等方面重点发力，需要加快提升我国新型能源装备产能，提高光伏、风电等新能源装机比例。相较于传统“源随荷动”的运作模式，新型能源体系应建立“源网荷储一体化”的运作模式，充分挖掘需求响应能力，提升传统工业负荷灵活性，实现电源、电网、负荷、储能各环节协调互动，确保电力运行安全可控。

新型能源装备是将新能源转换为电力的装备，它是构建新型能源体系的核心支撑，具有系统性强、集成创新要求高、研发应用周期长等特点，是高端重型装备的重要组成部分。新型能源装备主要包括光伏装备、风能装备、核能装备、水电装备、天然气装备、地热能装备、生物质能装备、海洋能装备和氢能装备。以新能源为主的新型能源装备产业是我国战略性新兴产业的重要组成部分，也是我国实现能源绿色转型的重要支撑。“十二五”以来，我国新能源产业已具备全球优势，在全球市场上具备“端到端”的自主可控优势和竞争能力。当前，在全球疫情、俄乌冲突、极端气候等叠加因素的冲击下，全球经济开始滑入增速急剧放缓的衰退周期。新型能源装备产业发展风险和挑战增多，如何统筹发展和安全的重要性更加突出。要客观认识新型能源装备产业发展需求和风险挑战，积极发挥政府、市场、企业在稳定产业链供应链上的协同作用，因势施策、合理应对，为我国新型能源体系规划建设抢抓战略机遇期、促进高质量发展提供策略参考。

（二）新型能源装备产业发展面临的机遇

2022 年我国新能源电源、电网及相关投资金额超过 9.2 万亿元，新能源产业已经成为新型基础设施建设、扩内需、稳增长、促投资的重要领域。新能源目前最广泛的应用主要集中在电力与新能源汽车领域。2022 年中国新能源行业内投资主要包括风电、太阳能发电、抽水蓄能、新型储能、氢能及氢基燃料等，合计占比超过新能源产业投资的 70%。

2023 年我国新能源行业取得了显著进展，如光伏板块，硅料价格腰斩，带动整个产业链的产品价格回调，组件价格从 2022 年下半年的 2 元/瓦以上跌至 1.1 元/瓦左右，极大刺激了行业中下游的发展。输配电行业也有望迎来大发展，国家电网 2023 年电网投资超过 5500 亿元，这将利好一大批输配电上游的装备制造企业。其中最吸引全球瞩目的，莫过于矿产资源。中国在走向碳中和的道路上，可能最大的担忧就是矿产资源的问题。因为技术问题和市场问题，都是可以通过努力解决的。

（三）新型能源装备产业发展路径展望

在能源安全、稳妥有序转型、增强产业链供应链安全等多领域，加快构建新型能源产业体系。预计到 2025 年，我国可再生能源供给量有望超过 11 亿吨标准煤，更好满足加快经济社会全面绿色转型发展的用能需求。

提升能源装备产业链安全水平，进一步发挥好科技创新引领和战略支撑作用，增强能源科技创新能力，加快新能源产业数字化和智能化升级，推动能源系统效率大幅提高，全面提升能源产业基础高级化和产业链现代化水平。

构建新型能源体系是一项复杂的系统工程，涵盖产业、市场、金融、消费、法规政策等多个领域。实现能源供需的清洁低碳、安全高效，除了从培育新能源产业本身发力，还需持续做好三个“推动”。一是推动能源生产消费革命，加快构建现代能源市场体系。重点是做好增加清洁低碳能源供应能力工作。建设新型能源体系是一项复杂的系统工程，涉及绿色产业、清洁低碳的消费模式，预计到 2025 年，我国非化石能源消费比重将提高到 20%。二是推动能源治理能力和效率不断提升，加快构建适应绿色低碳转型发展的体制机制。三是推动能源改革，提高项目审批效率，优化新能源项目接网流程，健全新能源相关公共服务体系，加强监管体系建设。加快全国统一能源市场建设，发挥市场机制作用，促进能源低碳转型。同时，完善支持新能源发展的财政金融政策等。

二、全球新型能源装备产业发展情况

（一）全球清洁能源装备产业规模持续增长

随着全球多国提出能源装备产业规划，清洁能源受到了越来越多的重视，多国已经着手能源转型，新型能源装备作为将清洁能源转换为电力的载体同样备受关注。2022 年全球新型能源装备产业规模持续增长，达 3068.8 亿美元，增长率为 8.6%（见图 7-1）。

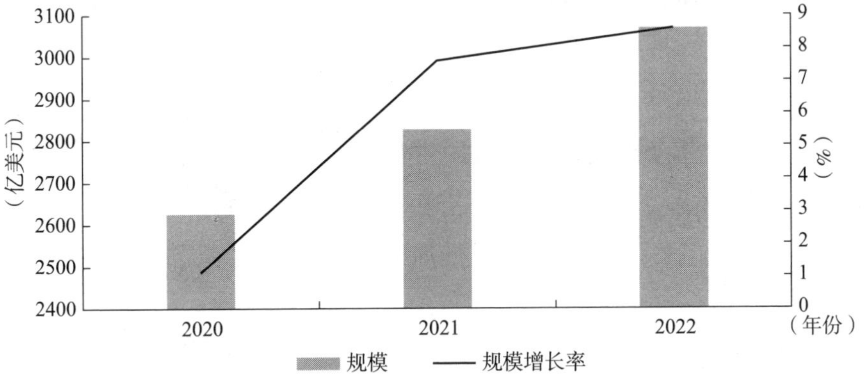

图 7-1　2020—2022 年全球新型能源装备产业规模与增长率

（二）光伏装备产业规模占比最大

从新型能源装备产业结构来看，光伏装备和风能装备占比超七成。如图 7-2 所示，2022 年，光伏装备产业规模达 1375.9 亿美元，占比最大，达到 44.8%。风能装备产业规模达 712.8 亿美元，占比为 23.2%。天然气装备、地热能装备、生物质能装备、海洋能装备和氢能装备产业规模较小，其规模总和为 396.9 亿美元，占比为 13.0%。

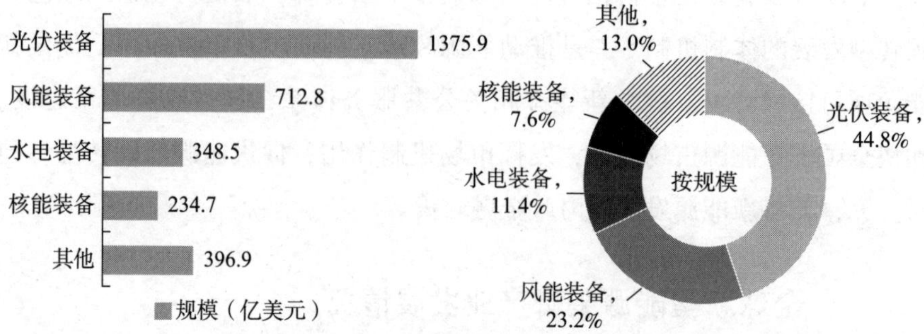

图 7-2　2022 年全球新型能源装备产业结构

（三）亚太地区新型能源装备产业规模全球领先

全球新型能源装备产业主要集中在亚太地区，在光伏装备领域，亚太地区拥有完整的产业链和国际领先的技术水平。在风能装备、核能装备、水电装备等细分领域，亚太地区持续突破相关技术，产业规模不断扩张。2022 年，亚太地区新型能源装备产业规模达 1891. 8 亿美元，占比超 60%（见图 7-3）。

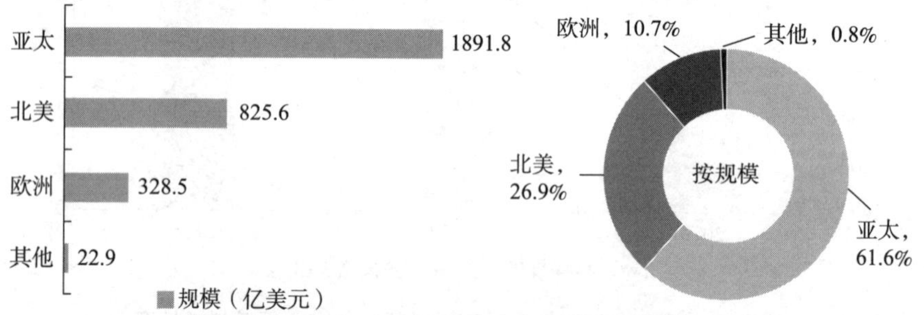

图 7-3　2022 年全球新型能源装备产业区域结构

（四）新型能源装备细分领域技术路线趋于多元化

在光伏装备中，为降本增效，电池类型正在由 P 型电池向 N 型电池方向迭代。P 型电池即单晶硅 PERC 电池，其技术成熟且市占率高，但理论转换效率极限较低。与 P 型电池相比，N 型电池转换效率更高，是当前光伏电池主要的技术方向。N 型电池主要包括 TOPCon、HJT、IBC，目前，TOPCon 和 HJT 技术效率相似，但 TOPCon 的综合成本更低，TOPCon 将率先替代 P 型电池。在风能装备中，分散式风电装备和海上风电装备是下一步的发展方向。氢燃气轮机主要有两种发展路线：混氢和纯氢，目前混氢燃气轮机发展较快，纯氢燃气轮机对燃气轮机系统的要求较为严苛，多种技术亟须突破。

（五）国际企业受多重因素影响营收增长呈两极分化状态

1. 全球新型能源装备产业竞争格局

全球新型能源装备龙头企业主要集中在中国、美国、丹麦和德国。2022 年，受原材料成本、零部件成本和物流成本上升的影响，维斯塔斯、通用可再生能源、金风科技、第一太阳能等部分国际新型能源装备龙头企业营业收入下滑，但订单量在逐步提升。同时，受益于光伏装备需求量大增，隆基绿能、晶科能源、天合光能、晶澳科技、阿特斯、福伊特等企业营收大幅上扬（见表 7-1）。

表 7-1　2022 年全球新型能源装备产业 TOP10 企业排名

序号	企业名称	国家	营收（前三季度，亿美元）	规模占比（%）
1	隆基绿能	中国	127.1	5.1
2	维斯塔斯	丹麦	107.4	4.7
3	通用可再生能源	美国	85.6	3.9
4	天合光能	中国	85.0	3.4
5	晶科能源	中国	77.1	3.6
6	晶澳科技	中国	72.1	2.9
7	阿斯特	加拿大	55.0	1.7
8	福伊特	德国	42.4	1.5
9	金风科技	中国	38.2	1.4
10	第一太阳能	美国	16.2	0.8

2. 重点企业动态分析

（1）维斯塔斯

维斯塔斯风力技术集团（Vestas Wind Systems A/S，中文简称维斯塔斯）是全球风能装备制造的领先者之一，自 1979 年成立就聚焦风能装备，提供各类风能装备研发、生产、销售、售后维保等全流程服务。2022 年前三季度，维斯塔斯营业收入出现小幅下降，为 107. 4 亿美元。同年，维斯塔斯宣布放弃在日本新建风力发电厂，主要原因是日本对公开招标规则进行了调整，导致企业在日本风电市场收益下降。同时，维斯塔斯围绕风能装备维修，推出风电叶片机器人 Blade Robots，该机器人主要通过自动维护叶片前缘，减少风电机组停电时间，从而提升风电机组的发电性能。目前，Blade Robots 已从维斯塔斯拆分并成立独立公司，维斯塔斯是其最大股东。

（2）金风科技

金风科技股份有限公司（Goldwind Sci & Tech Co. , Ltd. , 中文简称金风科技）是全球新型能源和节能环保领域的领跑者之一，是我国风能装备的龙头企业，能为客户提供一体化风力发电解决方案。2022 年前三季度，金风科技营业收入为 38. 2 亿美元，同比下降 29. 3%。金风科技营业收入下降的原因主要有两点，一是风能装备招标价格下滑，二是受多重因素影响，如陆上风电装机量逐步下滑，海上风电装机量快速增长，金风科技原直驱永磁产品在海上风电中并不占优势。金风科技正在逐步转变技术路线，2022 年，其与三峡集团合作开发的海上风电机组成功下线，这是目前全球单机容量最大的海上风电机组。

（3）第一太阳能

第一太阳能（First Solar）是全球领先的光伏发电系统和光伏组件制造商之一，成立于 1999 年，其技术路线较为独特，聚焦在薄膜光伏组件，且有完善的全球回收服务。2022 年前三季度，第一太阳能的营业收入为 16. 2 亿美元，同比下降 10. 4%。同年，第一太阳能公布了一系列扩产计划以解决产能不足问题，预计将在美国和印度建设三个生产基地。

三、我国新型能源装备产业发展情况

（一）产业链上下游分析

新型能源装备产业链由上游的零部件及系统，中游的整机制造及下游的运营与应用构成。上游零部件及系统主要包括叶片、主轴、齿轮、主泵、水轮发电机、高压球罐、压裂设备、电池组件、焚烧炉、新型电解槽、锚泊系统、液压系统等。其中，我国电池组片和混流式水轮机等光伏、水电装备零部件及系统发展较为成熟，技术世界领先；主轴等风能装备零部件仍有进步空间；压力容器、蒸汽发生器、堆内构件等核能装备零部件技术近年来进步较大。中游整机制造包括风能装备、核能装备、水电装备、天然气装备、地热能装备、光伏装备、生物质能装备、氢能装备和海洋能装备，其中，光伏装备出口需求较大，水电装备出口区域较为分散，风能装备整机制造受上游零部件影响较大。下游运营与应用主要包括水利电站、风能电站、光伏电站、核电站和其他电站的运营，以及在工业、商业、居民和其他领域的应用，随着“双碳”战略的推进和新型电力系统的建设，新型能源装备需求将持续增长。图 7-4 展示了新型能源装备产业链全景图。

图 7-4　新型能源装备产业链全景图

1. 新型能源装备零部件及系统产业规模持续上升

2022 年，新型能源装备部分高端零部件受原材料成本上升等影响，价格普遍上涨，压缩了中游新型能源装备整机制造的利润空间。2022 年，我国新型能源装备零部件及系统产业规模达 4946.5 亿元，同比上升 7.6%（见图 7-5）。

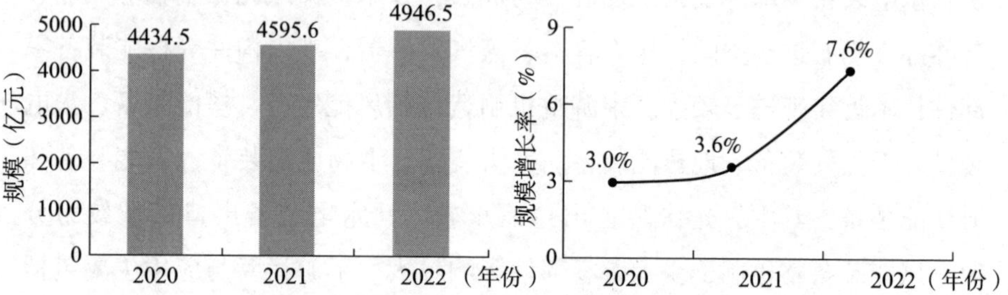

图 7-5　2020—2022 年我国新型能源装备零部件及系统产业规模与增长率

2. 下游需求引领新型能源装备产业快速增长

“十四五”以来，我国相继提出实现“双碳”目标、构建新型电力系统、加快建设新型能源体系，风电、太阳能发电等新能源在新增电源中逐步从补充型转变为支柱型，新增占比超过 85%。新型储能、绿氢能等新领域也竞相涌现。《“十四五”可再生能源发展规划》提出，“十四五”期间可再生能源年发电量达到 3.3 万亿千瓦时，可再生能源发电量增量在全社会用电量增量中的占比超过 50%，风电和太阳能发电量实现翻倍的目标，可再生能源行业进入跨越式发展期。构建新型电力系统，需要显著提升新能源发电装机及电量比重、提高绿色能源利用效率。由此可见，发展新型能源装备及相关产业对未来我国社会经济升级转型和实现高质量发展至关重要。

我国清洁能源发电装机量不断增长，清洁能源发电将成为我国电力供应的重要支撑。2023 年全国能源重点项目投资额同比增长超过 20%，新能源完成投资占比接近四成。集中式光伏、城镇和乡村分布式光伏、大型风电光伏基地项目投资增势显著，海上风电项目集中开工建设。一批生物质发电项目加快形成有效投资。2022 年，我国非化石能源发电装机达到 13.8 亿千瓦，装机占比超过 50%。各类可再生能源发电、在建核电装机规模位居世界第一；风电、光伏发电年发电量超过 1 万亿千瓦时。2022 年，我国非化石能源消费比重达到 17.5%，可再生能源发电量占全社会用电量比重超过 30%。煤、油、气、核及可再生能源多轮驱动的能源供应保障体系基本形成。新能源对我国加快能源结构转型、实现碳达峰碳中和目标发挥了重要作用。2022 年，我国清洁能源发电量达 29599.0 亿千瓦时，同比增长 28.1%（见图 7-6）。

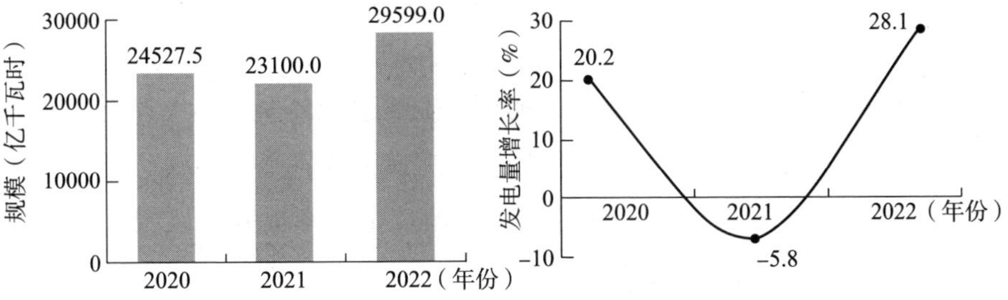

图 7-6　2020—2022 年我国清洁能源发电量与增长率

（二）产业规模及增长

我国能源领域政策体系基本形成，初步形成了适应新型能源体系建设的战略规划体系。当前，新技术、新模式、新业态仍存在巨大创新空间。受加快构建新型能源体系的影响，风能装备、光伏装备、核能装备、水电装备需求不断提升，氢能装备、海洋能装备技术水平不断提高，我国新型能源装备产业规模持续稳步增长。2022 年，我国新型能源装备产业规模达 7443.2 亿元，同比增长 9.7%（见图 7-7）。

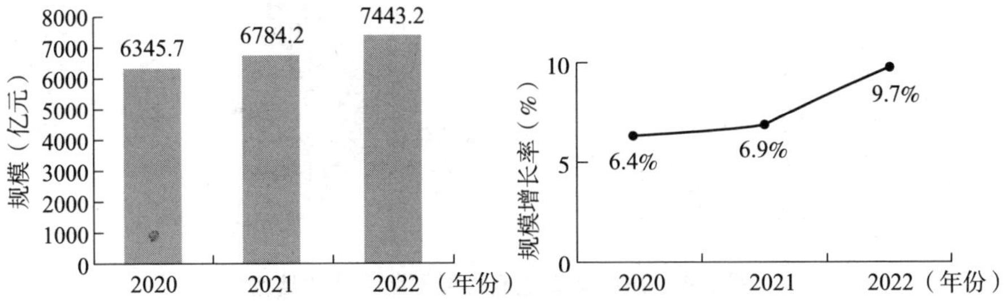

图 7-7　2020—2022 年我国新型能源装备产业规模与增长率

（三）技术发展水平

随着技术不断突破，2022 年我国单晶光伏组件平均转换效率已超过

26%；单晶双面N型TOPCon电池转换效率年内多次创造世界纪录；异质结等新型高效电池技术、钙钛矿电池等技术不断取得突破。风电领域大型化机组技术实现赶超，高塔、柔塔和混塔等型式风电机组实现商业化应用，单机容量已达10兆瓦级，海上风电16兆瓦机组已经实现并网；动力电池能量密度近10年提高了两倍，纯电动主流车型续驶里程已经超过700千米。

我国已具备全球最为齐备的新能源产业链供应体系，陆上风电、光伏发电已全面实现无补贴、市场化发展。新型储能成本下降80%，光伏组件10年来成本下降超过90%。随着新型电池技术效率提升和风机大型化发展，新能源发电成本仍将持续下降。

（四）产业结构分析

1. 光伏装备占据领先地位

我国光伏装备产业发展较为成熟，拥有较为完善的产业链和国际领先的技术水平。如图7-8所示，2022年，我国光伏装备产业规模达4192.6亿元，占比超50%。目前，氢能装备处在发展初期，地热能装备、生物质能装备和海洋能装备等产业规模均不大，占比较小。

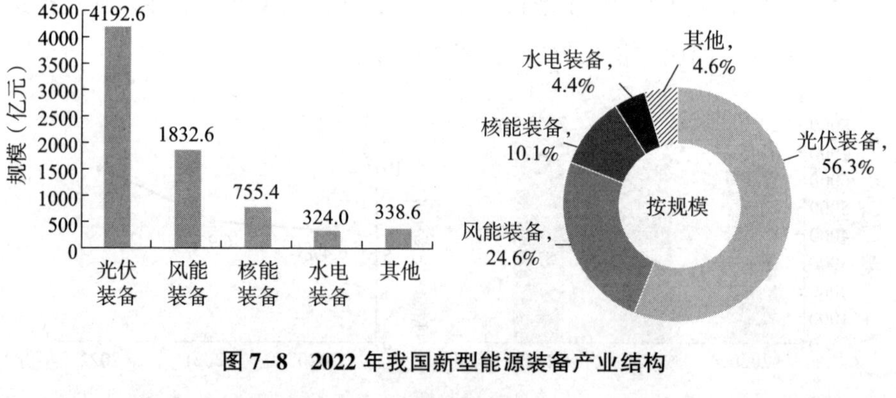

图7-8　2022年我国新型能源装备产业结构

2. 华东地区新型能源装备产业规模占全国近一半

如图7-9所示，2022年，华东、西南和西北地区新型能源装备产业规模占全国总比重达80%。华东地区工业基础好，整体生产制造能力强，正在打造各类新型能源装备相关产业集群，产业链供应链较为完善，创新能力较强。2022 年，华东地区新型能源装备产业规模达 3617. 4 亿元，占全国比重为 48. 6%。西南和西北地区新型能源资源丰富，近年来，新型能源装机量快速提升，且其生产端易于直送消费端。2022 年，西南地区新型能源装备产业规模达 1247. 0 亿元，占全国的 16. 8%；西北地区新型能源装备产业规模为 1083. 7 亿元，占全国的 14. 6%。

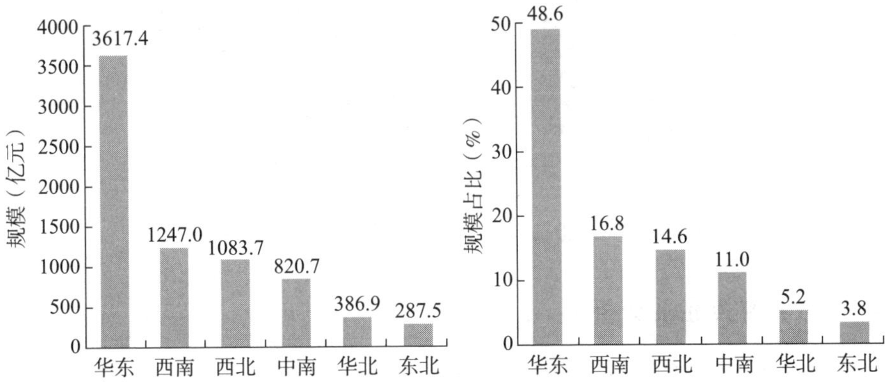

图 7-9　2022 年我国新型能源装备产业区域结构

（五）进出口分析

1. 我国新型能源装备进口规模同比小幅上升

我国新型能源装备产业链较为完善，整体实力位居全球前列，但在水电装备、风能装备等领域仍存在一定的进口需求。2022 年，我国新型能源装备进口额为 0. 96 亿元，同比增长 8. 4%（见图 7-10）。

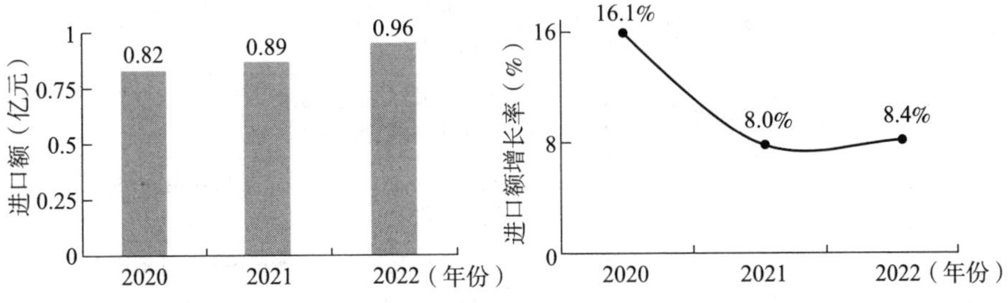

图 7-10　2020—2022 年我国新型能源装备进口额与增长率

2. 我国新型能源装备出口规模同比大幅上升

我国新型能源装备出口需求较高，尤其是光伏装备。2020—2022 年，我国新型能源装备出口规模呈现高速增长的态势。2022 年，我国新型能源装备出口额为 3401.9 亿元，同比增长 56.6%（见图 7-11）。

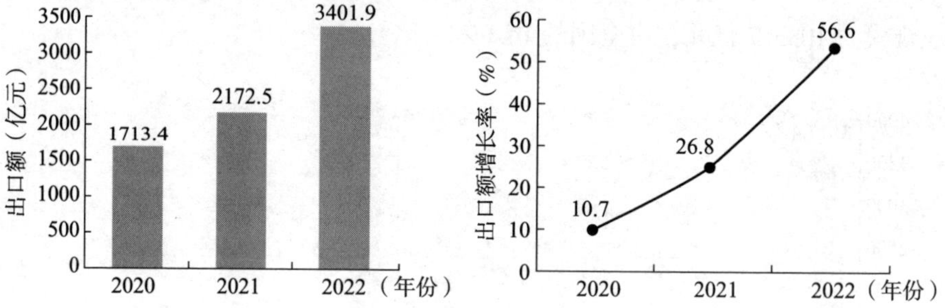

图 7-11　2020—2022 年我国新型能源装备出口额与增长率

（六）重点企业分析

1. 产业环节重点企业

2022 年，我国新型能源装备企业快速发展，晶科能源、天合光能专注光伏装备产业，金风科技、远景能源聚焦风电装备产业，中国一重聚焦核能装备，雪人股份聚焦地热能装备，动力源聚焦氢能装备，隆基绿能、上海电气、东方电气、哈尔滨电气和浙富控股等在多个新型能源装备细分领域均有建树（见表 7-2）。

表 7-2　2022 年我国新型能源装备产业重点企业

产业环节	序号	企业名称	主营业务
光伏装备	1	隆基绿能	单晶硅片、电池组件、工商业分布式解决方案、绿色能源解决方案、氢能装备
	2	晶科能源	光伏产品一体化研发制造、新型能源整体解决方案、光伏建筑一体化、光伏制氢、储能
	3	天合光能	光伏组件、光伏电站及系统产品、光伏发电及运维服务、智能微网、能源云平台
风能装备	1	金风科技	风能装备、智能能源装备、新型能源规划设计解决方案
	2	上海电气	风能装备、核能机组、火电装备、输配电装备
	3	远景能源	风能装备、储能

续表

产业环节	序号	企业名称	主营业务
核能装备	1	东方电气	核能装备、水电装备、风能装备、火电装备、光伏装备
	2	中国一重	核能装备
水电装备	1	哈尔滨电气	水电装备、核能装备、风能装备、火电装备
	2	浙富控股	水电装备、核能装备
其他	1	雪人股份	地热能装备
	2	动力源	氢能装备

2. 重点企业表现及评价

2022年，我国提出构建以新能源为主体的新型电力系统以适应能源变革需求，新型能源装备企业备受关注，隆基绿能科技股份有限公司（以下简称隆基绿能）、上海电气集团股份有限公司（以下简称上海电气）、中国东方电气集团有限公司（以下简称东方电气）等企业发展较好。

（1）隆基绿能

隆基绿能聚焦光伏装备，重视科技创新，致力成为全球最具价值的太阳能科技公司。2022年，隆基绿能研发出全球转换效率最高的硅光伏电池，效率达26.81%。2022年前三季度，隆基绿能营业收入为870.4亿元，同比增长55%。2022年，隆基绿能光伏组件出货量为45吉瓦，位列全球第一。

（2）上海电气

上海电气是全球领先的工业级绿色智能系统解决方案提供商之一，在新型能源装备产业主要聚焦风能装备、核能装备等。2022年前三季度，上海电气营业收入为780.6亿元。2022年，海神平台EW8.5-230机组成功并网，这是当前全球直径最大的风轮机组，其技术领先，整机系统方案较优。2022年，上海电气在海南进行布局，将助力海南打造千亿级风电产业集群，主要聚焦海上风电产业。

（3）东方电气

东方电气是我国电力驱动时代的先行者之一，在新型能源装备产业中主要聚焦核能装备、水电装备、风能装备和光伏装备。2022年，东方电气在“华龙一号”的基础上进一步优化其自主研发设备。2022 年，由东方电气自主研发的具有 100% 自主知识产权的白鹤滩百万千瓦水轮发电机组成功运行。2022 年前三季度，东方电气营业收入达 405.5 亿元，同比增长 21.33%。

四、我国新型能源装备产业趋势分析

（一）产业规模与结构预测

1. 2025 年产业规模有望突破 9900 亿元

随着国家“双碳”战略的不断推进，新型电力系统的不断建设以及多地发展新型能源装备产业相关规划与政策的相继出台，我国新型能源装备产业将快速发展。预计到 2025 年，我国新型能源装备产业规模可达 9937.9 亿元（见图 7-12）。

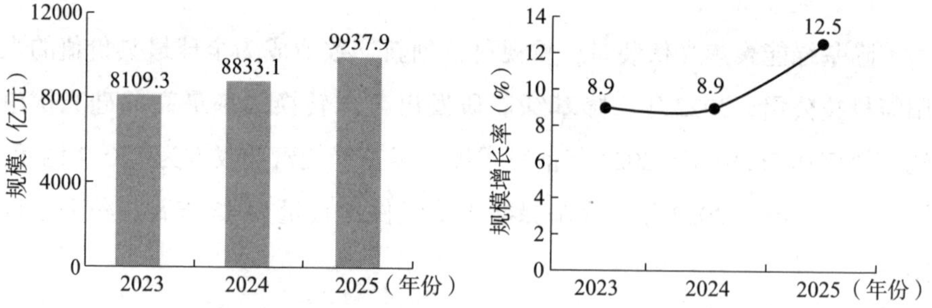

图 7-12　2023—2025 年我国新型能源装备产业规模与增长率预测

2. 风能装备、水电装备和核能装备将快速发展

为助力能源转型，我国大力推动海上风电和抽水蓄能的发展，海上风能装备和抽水蓄能等水电装备技术不断突破。我国风能装备和水电装备将快速发展，预计到 2025 年，其规模将分别达 2860.9 亿元和 583.1 亿元。同时，随着我国核电项目的加快建设，核能装备的产业规模将逐年增长，预计到 2025 年将达到 1305.3 亿元（见图 7-13）。

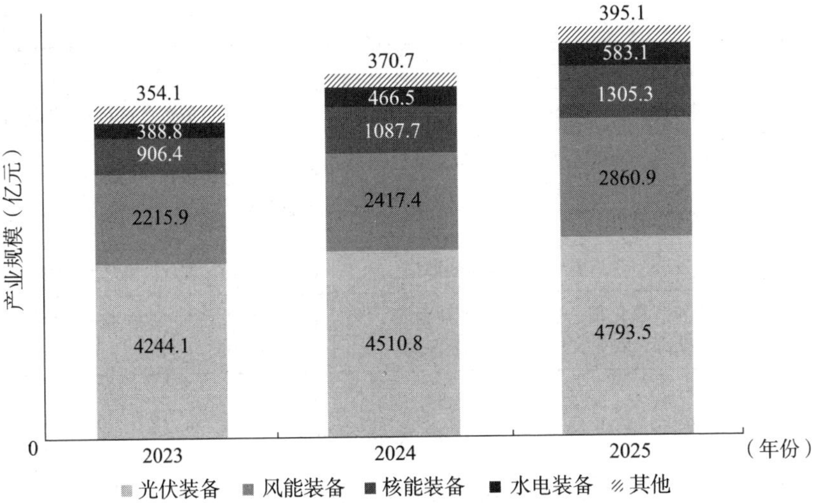

图 7-13　2023—2025 年我国新型能源装备产业结构及预测

（二）驱动因素与阻碍因素分析

1. 顶层设计助推新型能源装备产业快速发展

国家有关部门出台多项新型能源装备产业相关政策，积极推动我国新型能源装备产业快速发展（见表 7-3）。2022 年，工业和信息化部等五部门印发的《加快电力装备绿色低碳创新发展行动计划》（以下简称《行动计划》）提出，经过 5~8 年的努力，我国电力装备供给结构显著改善，新能源发电装备供给能力不断提高，风电和太阳能发电装备满足 12 亿千瓦以上装机需求，核电装备满足 7000 万千瓦装机需求。《行动计划》围绕火电、水电、核电、风电、太阳能、氢能、储能等装备领域，提出了装备体系绿色升级等六项行动。

表 7-3　2020—2022 年我国新型能源装备产业相关政策

颁布时间	颁布主体	政策名称
2020 年	财政部、国家发展和改革委员会、国家能源局	《关于促进非水可再生能源发电健康发展的若干意见》
2021 年	国务院	《2030 年前碳达峰行动方案》
2021 年	国家能源局	《抽水蓄能中长期发展规划（2021—2035 年）》

续表

颁布时间	颁布主体	政策名称
2022年	国家能源局、科学技术部	《“十四五”能源领域科技创新规划》
2022年	工业和信息化部、财政部、商务部、国务院国有资产监督管理委员会、国家市场监督管理总局	《加快电力装备绿色低碳创新发展行动计划》
2022年	国家发展和改革委员会、国家能源局	《“十四五”现代能源体系规划》
2022年	工业和信息化部、住房和城乡建设部、交通运输部、农业农村部、国家能源局	《智能光伏产业创新发展行动计划(2021—2025年)》

2. 能源转型提升新型能源装备发展空间

2022年，我国非化石能源消费占比已达17.5%。《“十四五”现代能源体系规划》提出，明确2025年非化石能源消费占比目标。作为实现我国能源转型的重要一环，新型能源技术研发、新型能源装备制造和迭代升级越来越重要。光伏装备、海上风能装备、水电装备、核能装备等大功率高效新型能源装备需求将快速提升。随着技术的逐渐突破、改进，多种新型能源的耦合互补，地热能装备、生物质能装备、海洋能装备等细分领域迎来机遇期，新型能源装备的发展空间不断扩大。

3. 电网消纳能力抑制清洁能源装备需求

近年来，我国清洁能源装机量快速增长，2022年，光伏发电装机容量约为3.9亿千瓦，同比增长28.1%；风电装机容量约3.7亿千瓦，同比增长11.2%。由于清洁能源具有波动性、间歇性、随机性等特点，新型能源装备快速并网对电网的消纳能力要求较高。目前，我国电网消纳能力有限，未建立全国统一电力市场，不能完全打破区域间壁垒，实现清洁能源跨区域消纳，且电网智慧化水平不高，不能优化接入清洁能源，并对其进行系统调用。电网消纳能力不强一定程度减缓了新型能源装备并网速度，制约着新型能源装备的需求。

（三）主要趋势

1. 新型能源装备逐步从低端竞争转向高端竞争

随着我国新型能源装备的快速发展，其各细分产业的行业技术标准将逐步落地，细分产业的发展门槛不断提高，新型能源装备产业将逐步摆脱以价格为主要竞争方式的格局，技术将成为新型能源装备产业的竞争焦点。新型能源装备将向高技术、高质量、高水平服务、低成本趋势发展，土地、技术、资本、人才等将逐步向高技术、低成本企业集聚，没有研发能力、核心产品，生产成本较高的企业将会被逐步淘汰，低端产能将逐步退出新型能源装备产业，我国新型能源装备产业将逐步从低端竞争走向高端竞争。

2. 新型能源装备将不断与新一代信息技术相结合

新型能源装备与新一代信息技术相结合是该产业发展的主要趋势之一，将5G、大数据、人工智能、物联网、云计算等新一代信息技术应用到新型能源装备中，可显著提升新型能源装备的自感知能力和自决策能力，大幅提高新型能源装备的性能、效率、智能化水平，大力推动我国新型能源装备智能化转型。在新一代信息技术的叠加赋能下，新型能源装备的多机组协同控制、智能预警、智能诊断、故障自动修复、实时感知监测、衰退趋势分析、远程维修、装备全生命周期管理等新技术将日益成熟，这会显著提升新型能源装备的竞争力。

3. 新型能源装备部分细分产业由集中式向分布式转型

目前，我国光伏装备、风能装备等正在逐步由大型集中式转向小型分布式，小型分布式新型能源装备可与储能装备、智能电网等形成小型电力系统，就地利用用户端附近的光能、风能等，并将其转换成电力。小型分布式新型能源装备的使用可有效降低电力长距离运输的损耗，减少长距离输变电项目建设的成本，且小型分布式新型能源装备与储能结合，可以有效满足不同时段用户对于电力的需求，利用率较高，可靠性较强，经济性较好。随着新型能源的快速并网，小型分布式新型能源装备的需求将会逐步提升。

五、我国新型能源装备产业面临的风险及挑战

（一）我国新型能源装备产业面临的风险

我国新能源产业成就斐然，但也要看到目前仍存在着创新不足、政策

依赖度大、发展不均衡等问题。在当前国际能源市场动荡不安的情况下，我国新能源产业主要面对来自国际上的风险及国内风险，总体来看，外部风险大于内部风险。外部风险主要表现为核心技术封锁风险、资源控制和原料垄断风险、市场排挤脆弱性风险、标准规则制约性风险等。内部风险主要表现为经营主体推进技术创新活力不足、非技术因素成为重要制约等。

1. 资源核心技术封锁风险

我国新能源产业在工程科技领域具备了较强的技术领先优势，部分已达到全球领先水平，但在部分高端材料领域与发达国家相比仍存在较大差距。大型风电机组主轴承等关键材料、零部件和设备仍存在短板。部分光伏胶膜核心原材料依赖进口；硅碳负极、高端隔膜材料的研发生产与国际先进水平仍存在差距。新型低碳冶金、水泥原料燃料替代、可再生资源制取化学品等低碳零碳工业流程再造工艺技术亟待突破，成为制约绿色低碳产业发展、行业低碳转型的重要因素。高炉富氢冶炼等技术仍处于起步研发阶段，现有装置规模均较小，尚未形成成熟的可推广应用技术装备。近年来受地缘政治的影响，发达国家对我国需要的核心技术进行封锁，依赖引进技术提升国内新能源行业水平的模式正在经历前所未有的挑战。

2. 经营主体推进技术创新活力不足

新型能源装备技术具有跨行业、跨专业的特点，投入成本大、从研发到产生经济效益周期长，仅靠市场难以持续。国家知识产权局相关报告指出，我国绿色专利主要集中在高校。企业创新主体地位尚未形成，绿色技术创新的市场导向特征不突出。由于缺少担保和抵押、传统信贷平均期限短等，绿色技术企业难以从银行等传统渠道获得足够融资，国内的私募股权投资基金（Private Equity，PE）/风险投资（Venture Capital，VC）机构、绿色基金等很少涉足绿色技术创新领域。

3. 资源端控制和原料垄断风险

我国新型能源装备产业需要的镍、钴、铜、铝、锰、铬、锆、铍、铂族金属等资源储量全球占比不足5%，锂仅占7%。境外资源分布和生产又高度集中，储量和产量前三位的国家，在全球总储量和总产量中的占比均超60%。我国未来对锂等稀有矿物质的需求将继续飙升，风能、太阳能和电池技术将继续面临越来越多的供应链障碍。未来新能源矿产资源高度集中的资源大国或将成为新的地缘政治热点，我国将面临供应风险加剧等诸多挑战。

4. 国际市场排挤的脆弱性风险

在市场销售端，我国风电、光伏、储能、新能源车全产业链飞跃式发展，相关产品在海外市场竞争力快速提升。在光伏领域，目前全球75%~80%的光伏电池产能来自中国，预计到2025年，中国的光伏产业链将占据全球95%的产能。在风电制造领域，中国已成为全球最大的风电装备制造国，风电设备产量占全球70%以上。由于高度依赖国外市场，极易受到地缘政治、经济制裁、贸易规制等因素影响，进而容易导致国内企业在境外的“内卷式”竞争和产能过剩等问题。

5. 非技术因素成为重要制约

新型能源开发受生态环境和国土空间开发等政策影响，项目落地难。新能源汽车充电基础设施建设相对滞后，公共桩布局不够合理、利用率偏低，电池回收利用体系和政策法规还不健全。尽管国家出台了节能环保专用设备、资源综合利用产品等相关税收优惠政策，但在一些地方操作层面难以落实，导致政策激励不到位，企业积极性不高。此外，新型能源技术创新还需考虑安全性问题，如大规模新能源并网可能对电网安全产生影响，氢能制储运用各环节存在安全风险等。

6. 标准、规则等制约性风险

我国新型能源装备产业的技术标准、产品检测、碳排放测算、认证等体系还不完善，没有形成支撑新能源产业发展的技术服务体系。新能源产品出口的国内行业标准未完全与国际标准接轨，而西方国家掌握着标准和认证的话语权，增加了进入国际市场的限制性风险。新能源企业在新型能源装备产业所在国需获得政府多种许可，包括投资许可、环境许可、建设许可、并网许可、商业运营许可等。美国炮制的国民清单、军工企业清单等，或将对我国企业自由交易造成一定限制。

（二）我国新型能源装备产业面临的挑战

当前全球能源危机对能源绿色转型的路径和碳中和的目标产生了极大影响，新能源是否能够如设定路线成为传统能源的替代能源还有很大的不确定性，能源安全议题的讨论重心逐步从传统能源转向新能源。

1. 供需两端结盟加剧不确定性风险

矿产资源是新能源产业发展的物质基础。由于我国国内资源禀赋不足，锂、钴、镍等矿石进口依存度分别高达80%、97%、80%。据国际能源署2021年发布的报告，预计到2040年全球锂、钴、镍等需求将比2020年增长6倍，加之地缘战略思维兴起，未来围绕矿产资源的全球布局和竞争将愈演愈烈。南美阿根廷、玻利维亚和智利意欲结盟主宰国际市场锂矿定价权。其他几个锂资源丰富的国家也在采取动作，如墨西哥通过了锂资源国有化法案并成立了国有化公司。此外，资源国要求60%以上的在建矿山与中下游签署包销协议，并要求产品仅在特定地区消化。这些举措进一步削弱了供给弹性、大幅减少了可流向市场的资源数量，增加了新能源产业链发展的不确定性风险。

2. 贸易保护政策干扰国际贸易的正常秩序

美国直接推出产业政策，其公布的总金额为4300亿美元的《通胀削减法案》中，有3690亿美元名义上用于保护气候变化，但实际上拟对美国本土制造的锂电、光伏等新能源产品进行高比例现金补贴或税收优惠补贴，前提是汽车必须在美国和北美地区进行总装，而且所使用的电池及制造电池的原材料均应来自北美地区。同时美国与其“可信任友好国家”间构建供应链合作和贸易关系，干扰国际贸易的正常秩序。

3. 碳关税、碳壁垒影响中国产品海外竞争

全球产业转型升级、实现碳中和计划推动绿色低碳技术革命加速兴起，高标准生态环境保护和低碳排放要求将成为国际经贸规则的重点，中国新能源产业发展还将面临国际绿色壁垒的影响。美国近年来持续对中国大陆锂电、光伏产品征收关税。欧盟也步其后尘，举起碳关税大旗，锁定

了包括电力及钢铁、铝等高碳排放和高能耗行业，未来这些进口产品要符合欧盟气候标准，加大了中国企业新能源产品的出口难度；同时，欧洲呼吁建立本土锂电池及光伏制造产能，针对锂电池碳足迹、可持续性等提出要求，并全面实施。印度通过设定进口关税、执行产品采购白名单等方式，变相将中国光伏组件产品排除在印度市场之外；印度尼西亚未来或凭借本地镍资源优势对镍产品出口征收关税，提升直接出口的交易成本以推动本土产业链建立。

六、政策建议

我国新型能源装备产业具备良好的营商环境优势、超大规模的市场优势和产业齐全的配套优势，政府和企业在提高新型能源装备产业发展经济性的同时，需从加强产业协同、扩大对外开放、实现技术自立自强等方面发力，加快提升产业链供应链的韧性和安全水平。

（一）政府建议

1. 构建完备的新型能源装备产业链供应链体系

党的二十大报告提出，新型能源装备产业在我国具有广阔的发展前景，它投资拉动能力强、就业吸附规模大等特点，能够带动装备制造业及其他行业共同发展，形成规模庞大的产业集群和区域增长极。应进一步将新型能源装备产业链确定为战略性全局性重点产业链，并将其放到更加优先发展的地位。

建议地方政府加强统筹规划，依据本地新型能源装备产业基础、特点和长短板，围绕链主企业，对新型能源装备产业链上下游进行布局，对供应链前后端进行规划，构建配套完善的产业链。同时，建议地方政府积极搭建共性技术研发平台，聚焦新型能源装备领域有重大需求、重要意义的关键装备研发，着重培育新型能源装备产业上游企业，聚焦关键零部件的技术突破，形成更加完备的新型能源装备产业链供应链，提升我国新型能源装备产业链供应链的安全性、稳定性和韧性。

2. 加快落实落地产业激励措施

近两年，我国推动碳中和、能源绿色转型的政策力度不断加强，形成了碳达峰碳中和“1+N”政策体系，全国各省市区也相继提出新能源方面的具体规划目标和相应政策，全面推动实现能源绿色转型。建议密切关注并持续跟踪新型能源装备产业发展，将新型能源装备外采率、核心技术自给能力、市场定价权、企业竞争力等作为主要监测对象，强化对新型能源装备产业链供应链安全稳定风险监测预警，对出现的苗头性问题分析研判，及时处置潜在风险。

3. 推动全球资源配置和产能布局，降低外采率

新能源产业发展所需的矿产资源具有高度稀缺性和垄断性，未来发展需求还会急剧增加。我国新能源企业要积极应对贸易摩擦带来的不利影响，选择可替代资源。如宁德时代以钠离子电池替代锂离子电池已取得极大成功，提高了国内资源保障能力和后备潜力。另外还要深化国家间合作，进一步加大对新能源基础原材料的探矿和开采储备，加大在全球的资源配置和产能布局。应综合权衡新能源产业链在国内和海外建厂的生产成本和交易成本，因势利导向东南亚等地转移产能，规避个别国家的贸易壁垒，提高中国企业在全球新能源产业链的掌控力。

4. 扩大新能源制度型开放，提升国际合作水平

我国新能源产业链综合能力已经达到全球领先水平，为积极应对外部的各种挑战，需要在制度层面推动国际交流和对话，解决贸易争端、贸易制裁等问题。积极发挥行业组织和龙头企业、链主企业的整合力量，加快加强新能源标准、计量、认证认可、检验检测等体系和能力建设，建立健全公共技术服务平台，积极参与全球能源治理，维护多元稳定的国际经济格局和经贸关系，推进建立国际合作新模式。

（二）企业建议

1. 加大创新研发力度，注重提升核心竞争力

近年来，我国新型能源装备产业规模已位居全球前列，尤其是光伏装

备、风能装备等细分产业，但部分新型能源装备仍以中低端产品为主，高端产品及其零部件仍有较大的成长空间，新型能源产业的核心技术仍需加大研发力度，芯片、自动控制系统短板问题更为突出。建议新型能源装备生产企业围绕我国新型能源装备的发展重点和重大需求，加强基础研发，超前部署前沿技术发展战略，实现引领性、颠覆性技术突破，注重产学研用深度融合，共建具有共性技术研发、试验检验、产品检测等一系列功能的创新平台，注重协同创新，加快重大技术攻关突破，加速研发成果转换，以技术为核心在市场上形成竞争优势。

2. 重点关注智能新型能源装备

新型能源装备与新一代信息技术深度融合将是新型能源装备产业发展的主要趋势之一，新型能源装备将不断向智能化方向发展。新型能源装备的智能化升级，可实现新型能源装备制造与生产性服务业的深度融合，有效促进智能装备产业链向下延伸，拓展实时监控、智能检测、自动修复、远程维保、装备全生命周期管理等新服务模式，提升新型能源装备附加值，促进新型能源装备产业迈向价值链中高端，提升我国新型能源装备的国际竞争力。建议投资机构重点关注研发投入较高、保持技术创新的智能新型能源装备相关企业。

3. 优化融资结构，保持企业健康稳定发展

我国新型能源装备产业发展较快，近年来，受成本上升、产能扩张、研发创新、企业转型升级等因素影响，新型能源装备企业资金需求持续增加。目前，我国新型能源装备企业的融资渠道主要以银行贷款和上市融资为主，其中，企业通过银行贷款，还本付息压力较大，上市融资则对企业盈利能力有较高的要求，且易使企业陷入发展困境。建议新型能源装备企业强化资本意识，积极利用资本市场进行融资，采取多元化融资方式，在原融资方式的基础上，积极对接风险资本，稳步进行债券融资，优化融资结构，使自身保持可持续健康发展。

参考文献

[1]高国伟，王永中．大国博弈下的全球新能源产业链竞争与应对[J]．国家治理，2023(9)．

[2]莫君媛．绿色低碳技术创新发展现状及对策[J]．电器工业，2022(5)．

[3]王睿．新能源产业应如何面对国际风险与挑战[J]．中国电力报，2023(9)．

第八章

推动新型电力系统建设

内容摘要：碳达峰碳中和是一场广泛而深刻的经济社会系统性变革，以新能源为主体的新型电力系统建设是其中关键环节。本章分析了我国新型电力系统建设的重要性和紧迫性，提出了迈向碳中和时代新型电力系统建设的主要思路和分阶段目标，研究了建设新型电力系统的五方面重点任务，提出了保障我国新型电力系统建设的政策建议。

一、加快推进新型电力系统建设的重要性和紧迫性

我国已经进入能源转型的关键窗口期，随着碳达峰碳中和目标的提出和电力在终端用能占比的不断提升，新型电力系统建设迫在眉睫。

（一）国家低碳转型发展要求构建以新能源为主体的新型电力系统

2016年，伴随《巴黎协定》的签署，应对气候变化已成为许多国家的重大战略，绿色、低碳、清洁化已成为全球能源发展的主旋律，建立以高比例可再生能源发电为中心的能源体系已成为世界能源发展的重要趋势和许多国家推进能源革命的核心内容。我国也制定了明确的行动目标：2020年非化石能源占一次能源消费比重达到15%；到2030年左右二氧化碳排放达到峰值并争取尽早达峰，非化石能源占一次能源消费比重达到25%。2020年9月，在第七十五届联合国大会一般性辩论上，习近平主席向国际社会做出庄严承诺，中国二氧化碳排放力争在2030年前达到峰值、努力争取2060年前实现碳中和。这不仅是我国积极应对气候变化的国策，也是基于科学论证的国家战略，既是从现实出发的行动目标，也是高瞻远瞩的长期发展战略。2021年2月2日，国务院发布《国务院关于加快建立健全绿色低碳循环发展经济体系的指导意见》（以下简称《意见》），《意见》指出建立健全绿色低碳循环发展经济体系，促进经济社会发展全面绿色转型，是解决我国资源环境生态问题的基础之策。2021年3月15日，习近平总书记主持召开中央财经委员会第九次会议，把碳达峰碳中和纳入生态文明建设整体布局，提出构建以新能源为主体的新型电力系统。2023年6月2日，国家能源局组织发布了《新型电力系统发展蓝皮书》，初步阐释了新型电力系统的发展理念、内涵特征、“三步走”发展路径，并提出构

建新型电力系统的总体架构和重点任务。2023 年 7 月 11 日，习近平总书记主持中央全面深化改革委员会第二次会议，审议通过了《关于深化电力体制改革加快构建新型电力系统的指导意见》，会议强调要深化电力体制改革，加快构建清洁低碳、安全充裕、经济高效、供需协同、灵活智能的新型电力系统，更好推动能源生产和消费革命，保障国家能源安全。

（二）走向高比例的新能源利用需要电力系统全面创新发展

面对碳达峰碳中和要求，电力将成为我国能源转型的核心，建设以新能源为主体的新型电力系统将是我国能源转型最为切实可行的路径。面对碳达峰碳中和目标，当前各地电力系统发展也面临新要求。一方面，“十三五”以来，以风、光为代表的新能源呈现爆发式增长，其中风电装机量年均增速达到 17. 0%，光伏发电装机量年均增速超过 43. 5%。新能源固有的间歇性和波动性给我国电力系统带来巨大影响，特别是冀北、内蒙古、青海等地区，其风、光占比均超过 50%，已面临系统总供应能力不足，也就是装机的铭牌值可能会很大，使设备无法发挥作用，造成严重结构型缺电，这对电力系统调节能力提出了新要求。另一方面，“十三五”以来，虽然我国煤电发电量占比从 67. 7%降至 60. 8%，不断为推动能源清洁低碳转型腾挪空间，但当前超过 12 亿千瓦的煤电装机不仅面临转型发展、寻找新的盈利点的迫切需求，而且未来随着煤电的逐步退出，电力系统可控电源比例将快速下降，这将进一步加剧各地调节能力不足的情况。因此，提升已有资源调节潜力、寻找新的调节资源已成为构建新型电力系统的核心要求。

（三）适应新能源为主体需要电网变革创新

我国发电资源与负荷需求具有明显的分布不均衡的特点，这也迫使“西电东送、南北互供、全国联网”成为电网发展的必然要求。然而，长期以来我国电网发展过分强调新建大容量、远距离特高压输电项目，虽然这种跨省跨区“飞线”联网方式对于解决部分地区缺电、促进清洁能源消纳发挥了一定作用，但并没有从根本上解决我国电力资源优化配置问题，甚至对全国电网整体优化起到了割裂的负作用。从深层次看，当前“省为实体”的管理体系形成地方电网“各自为政”局面，加之地方诉求，省市主导了电网开发建设，严重缺乏全国一盘棋统筹规划，不仅造成部分地方电网走进了孤立发展的死巷子，如河南等华中枢纽省份电网无法充分发挥连通东西部的重要作用，而且也催生了“飞线”联网市场，资源大省更愿与需求省份建设特高压通道实现电力输送，如青海、宁夏等西北资源省份电力发展甚至全部压在对外通道建设上。这种无序发展严重背离了电力就近利用基本原则，不仅造成大量资源浪费，而且也给我国电力系统调控带来巨大难度，难以持续。

（四）负荷波动加剧，进一步要求电力系统创新发展

“十三五”以来，我国电力负荷增长超过 35%，用电量年均增长 5.9%，随着产业发展升级和逐步进入后工业化阶段，三次产业和居民用电占比由 2015 年的 1.8∶72.2∶12.9∶13.1 发展为 2022 年的 1.3∶66.0∶17.2∶15.5，第三产业和居民用电占比分别提升了 4.3 个百分点和 2.4 个百分点，带动空调、采暖等电力负荷比重不断上升，使得我国电力系统峰谷差率不断增加，季节不均衡系数持续上升，负荷的“尖峰化”“季节性”特性显著。随着全球气候变化，极端天气灾害日益频繁，过去 20 年间，高温/极端高温每年都刷新负荷新高，特别是北京、上海等空调负荷用电占比高的地区，迎峰度夏期间极端天气带来的负荷影响超过 45%，电量影响超过 30%，进一步加剧负荷侧波动。另外，以风、光为代表的新能源发展也较大地影响了我国电力负荷特性，10 时至 13 时光伏出力大发，在局部光伏装机占比高的地区开始形成净负荷“鸭子曲线”，夜间风电大发造成反调峰特性，都加剧了负荷波动性。因此，负荷侧巨大变化也将对我国电力系统建设提出新要求。

（五）新型电力系统要求加快破除体制机制掣肘

2000 年以来，国务院相继下发了《电力体制改革方案》（即电改“5 号文”）和《关于进一步深化电力体制改革的若干意见》（即电改“9 号文”），推动形成了电网与发电纵向竞争的基本格局，加强了市场化交易，输配电价改革实现全覆盖，经营主体参与意识逐步增强，综合能源服务、

储能等新业态不断涌现。但厂网分开后发电侧横向竞争并不充分，甚至局部依然存在区域垄断。同时，主辅分离并没有得到严格监管，电网企业依然借助自然垄断地位不断扩张市场控制力，形成了目前电网企业在电力市场中“一家独大”的强势地位，输配分开依然没有获得实质推进；增量配电业务“雷声大、雨点小”，民营售电公司在热潮退去后大多业务寥寥，处于艰难求生或自生自灭的状态。另外，政府有关政策、管理缺失和监管不到位，也使得电网行政垄断不但没有削弱，反而还有所加强，严重阻碍了“放开两端”发、售市场化改革的推进。体制机制掣肘严重制约了我国电力系统的健康发展，机制不顺更影响我国新能源的高效利用。

二、新型电力系统建设路径研究

面对能源转型的迫切需求，新型电力系统建设将是一场巨大变革，“源—网—荷—储”各个环节都需要进行全面创新发展。

（一）主要思路

以习近平新时代中国特色社会主义思想为指引，全面贯彻党的二十大、二十届三中全会精神，落实“创新、协调、绿色、开放、共享”的发展理念，遵循“四个革命、一个合作”能源安全新战略，以碳达峰碳中和为目标，完善电力行业的政策和市场体系，强化创新驱动和市场引领作用，构建以新能源为主体的新型电力系统。持续快速提升新能源在能源消费中的比重，构筑高比例新能源电源结构；坚持系统发挥好电网沟通电力供需的桥梁作用，全面提升配供电质量，推进多网融合建设；加紧推动智能化发展，挖掘电力需求响应潜力，加快推进 V2G 规模化应用，加紧推动储能成为主力灵活性来源；坚持市场化方向，多途径培育发电侧充分竞争的市场环境，推动电网“输配分开”“网运分离”，形成合理的多级市场体系。

（二）分阶段目标

2023—2030 年，以风、光为代表的新能源逐步从电源增量主体转变为存量化石能源发电替代阶段。到 2030 年，全国新能源装机容量突破 25 亿千瓦，占总装机容量的比重超过 56. 7%，煤电机组全部完成灵活性改造，成为系统最主要的灵活性电源，燃气发电稳步发展，以电化学储能为代表的多种储能进入快速增长阶段；基本建成从省内优先平衡到区域协调平衡，再到全国集中平衡的逐层全国联网体系，城乡供电质量得到全面提升；用户侧负荷响应能力超过3000万千瓦，电动汽车成为电力系统重要灵活性资源；完成电力领域竞争性环节市场化改革，基本建立适应新能源多元化、市场化发展的法规政策和市场体系。

到2030—2060年，新能源将全面替代煤电等化石能源发电，成为我国主体能源。到2060年，全国新能源装机容量达到90亿千瓦，占总装机容量的比重超过92%，煤电机组全部基本完成退役，电化学储能、压缩空气储能等多种储能逐步成为系统主要灵活性资源；全国分层电网全面实现灵活性互联互通，以电网为中心，多网实现全面融合发展；工业、商业、居民等需求响应获得全面应用，V2G成为系统主力调节资源之一；中长期、现货、辅助服务等多级市场实现全面互联互通、互补衔接，充分发挥各级市场作用。

三、新型电力系统建设重点任务研究

围绕分阶段发展目标，新型电力系统建设需要在电源、电网、需求、机制等方面持续发力，抓住重点任务进行突破。

（一）加快推动新能源成为主体能源，构筑系统供电新结构

明确各类电源新定位，加快推动新能源成为主体能源。面对碳达峰碳中和，以风、光为代表的新能源将成为我国电力供应的主体电源；煤电机组将逐步向系统灵活性电源转型，成为近中期系统灵活性的主要提供者；燃气机组将发挥重要桥梁作用，保障系统转型的平稳过渡；核电作为清洁能源将是我国电力发展不可缺少的重要战略储备；配合风光发展，以电化学储能为代表的各类储能技术将成为中远期我国新型电力系统的关键支撑。预计到2030年，我国电力装机中新能源将逐步从增量主体发展成为主体电源，新能源总装机容量突破25亿千瓦，约占总装机容量的56.7%，其中风电装机达到11亿千瓦，太阳能发电装机超过14亿千瓦，煤电将在

“十四五”和“十五五”期间全部完成灵活性改造，成为系统主要的调节电源，燃气发电将稳步增长，同时，“十五五”末除抽水蓄能外的储能需求将大幅增加，预计需求超过 1.0 亿千瓦；从发电量看，新能源发电量将突破4.4 万亿千瓦时，占总发电量的比重超过33.5%。预计到2060 年，我国全面建成以新能源为主体的新型电力系统，新能源总装机容量接近90 亿千瓦，约占总装机容量的92.4%，其中风电装机容量达到41.8 亿千瓦，太阳能发电装机容量超过48 亿千瓦，核电装机容量达到1.2 亿千瓦，煤电装机基本完成全部退役，燃气发电装机容量保留6000 万千瓦，除抽水蓄能外的储能需求将激增到20 亿千瓦；从发电量看，新能源发电量将突破 15.4 万亿千瓦时，占总发电量的比重接近82%。

我国煤电已经进入转型阶段。参考国际发展经验，当前煤电转型的主要趋势是由基荷的主要承担者向灵活性电源转变。随着新能源成为我国新增电力的主体，煤电发电量占比和年利用小时数持续下降，“十四五”“十五五”时期将是煤电转型的重要窗口期，既要完成灵活性改造，全面提升灵活性，又要转换盈利增长点，扭转持续亏损局面。“十四五”时期煤电装机规模应在13.0 亿千瓦左右，“十五五”时期进入平台期，逐步减少。从经济性比较看，煤电灵活性改造是近中期我国降低系统调节缺口最经济可行的手段，但存在改造效益与成本投入间的平衡问题，改造进度过慢会造成系统面临缺乏调节能力的局面，而改造过快又会带来电价上涨压力。“十四五”时期煤电灵活性改造的合理规模应在6.5 亿千瓦左右，“十五五”时期全部煤电应完成改造。

推动风电集中分散并举发展。2030 年前实现风电开发的均衡布局，全国风电装机容量突破11 亿千瓦，其中陆上风电装机容量 10 亿千瓦，海上风电装机容量1 亿千瓦，全部风电年发电量达到2.6 万亿千瓦时；充分掌握分散式风电利用的成套技术，实现分散式风电的大规模应用；利用大数据、云平台、人工智能等手段对风电场设计和建设方式进行技术革新，通过建设智慧风电场提升风能资源利用效率，提升风电场建设管理水平；加快海上风电柔性直流输电及漂浮基础等关键技术储备，加快远海、深海区域海上风电推进步伐。预计在2060 年前，我国新型风电机组和风电场技术得到全面应用，全国各地风电资源获得全面开发利用，总装机容量将突破 42 亿千瓦，其中陆上风电装机容量 35 亿千瓦，海上风电装机容量达到 7 亿千瓦，全部风电年发电量超过 9.1 万亿千瓦时，占总发电量的比重达到 48.7%。

实现太阳能综合多元发展。2030 年前，持续推进光伏和热发电的规模化开发，分布式光伏与储能和终端部门紧密结合，全国太阳能发电装机容量突破 14 亿千瓦，其中集中式光伏装机容量 7.3 亿千瓦，分布式光伏装机容量超过 6.8 亿千瓦，光热发电装机容量约为 2000 万千瓦，全部太阳能发电年发电量达到 1.9 万亿千瓦时；加大高效晶体硅、新型薄膜电池研发力度，实现光伏技术突破性进展；推动“渔光互补”“农光互补”等“光伏+”全面发展，鼓励分布式光伏参与市场化交易，探索分布式光伏与负荷打捆运行的虚拟电厂运营模式。预计在 2060 年前，各类光伏和太阳能热发电技术均实现大规模发展，分布式光伏与储能和终端部门完全融合，实现人人享有光伏，太阳能发电总装机容量将突破 48 亿千瓦，其中集中式光伏装机容量 20 亿千瓦，分布式光伏装机容量超过 27.3 亿千瓦，光热发电装机容量约为 8000 万千瓦，全部太阳能发电年发电量超过 6.3 万亿千瓦时，占总发电量的比重达到 33.3%。

创新核电技术发展。重点打造广东、浙江、福建、山东等沿海经济带内具有一定产业规模的核电基地，形成综合产业集群。在广西、海南、江苏、辽宁等沿海地区适度布点，优先开发新厂址，形成全方位、多元化的能源安全保障格局，到 2030 年全国核电装机容量达到 1.1 亿千瓦，到 2060 年突破 1.2 亿千瓦。以安全理念为指向，研究发展第四代安全反应堆，接力未来核电供应革命。加大科研投入和示范工程项目投入，进一步推动第四代安全反应堆从实验走向工程实际，同步开展其他小型堆设计研发和市场开发。加强国际合作和资金投入，研究探索核聚变反应堆等先进核能技术，推动核电深远革命。

（二）坚持系统观念，形成电网发展新格局

发挥好电网沟通电力供需的桥梁作用。一方面，面对碳达峰碳中和目标，电网规划必须与电源建设和负荷发展全面协调，全面适应供需两侧大

幅度、高频次波动，实现各类发电资源集中与分散利用并重、就近与跨区消纳并举，发挥好电动汽车等各类需求响应的作用，推动清洁、低碳能源在更大范围内优化配置；另一方面，电网规划要全国一盘棋，全面建成从省内优先平衡到区域协调平衡，再到全国集中平衡的逐层全国联网体系，西北电网作为大型清洁能源基地以外送为主，华中电网作为枢纽连通东西供应和需求，华北、华东和南方电网作为主要的电力消费中心，东北电网在满足自身需求的基础上实现部分外送，依托先进调控技术充分发挥跨省、跨区联络线接续传输优势，服务好我国构建以新能源为主体的新型电力系统。

全面提升配供电质量。配电网担负着电力系统与用户联系、向用户供应电能和分配电能的重要职能，我国要加快建设城乡统筹、安全可靠、经济高效、技术先进、环境友好、与小康社会相适应的现代配电网，强化配电网统一规划，健全标准体系。一方面，必须要把握数字化、网络化、智能化融合发展的契机，全面建设“互联网+”智慧能源，促进分布式能源与互联网技术、主动配电网技术、储能技术深度融合，实现智能化能源生产消费基础设施、多能协同综合能源网络建设、能源与信息通信基础设施深度融合，形成多种分布式能源综合协同、绿色低碳、智慧互动的供能模式；另一方面，中心城市（区）要围绕发展定位和高可靠用电需求，建设高起点、高标准配电网，城镇地区结合国家新型城镇化进程及发展需要，适度超前建设配电网，积极服务可再生能源、分布式电源、电动汽车充电基础设施等多元化接入需求。

推进多网融合建设。随着未来各类能源广泛互联成为能源发展的主要形式，多网融合发展将是我国电网转型升级的必由之路。一方面，加快顶层设计研究，提出多网融合建设方案和实施路径，积极推动全国统一市场建设，促进各类资源在全国范围内优化配置；另一方面，加紧推动电网发展方式与管理模式转型升级，加快电网的“数字化、网络化、智能化”发展，推动构建能源互联网产业链，打造互利共赢能源新生态，进一步提高电力系统各环节效率。另外以电网为中心，加快培育“多网”融合新兴产业，发挥科技创新驱动作用，加强基础性、前瞻性研究布局，聚焦5G、人工智能、区块链等前沿技术，开展集中攻关，推进产业化应用。

（三）加紧推动智能化发展，探索用电、储能新模式

完善配套机制，挖掘电力需求响应潜力。建立健全基于价格激励的负荷侧响应措施，制定反映市场供求关系的价格体系，进一步优化推广发电侧和用户侧峰谷电价机制，完善电力需求侧管理，整合系统运行、市场交易和用户用电数据，提高负荷侧大数据分析能力，增强负荷侧响应能力，2030年前，全国电力需求响应装机容量超过3000万千瓦，到2060年突破2.6亿千瓦。推动电力需求侧管理监测、控制等相关装备关键技术、信息通信技术及调控互动技术的研发，加大在工业、交通、建筑和商业领域开展电力需求侧管理行动的力度，制定相关管理指南，实施管理评价，推动形成科学、有序、安全、节约的现代用能管理体系；加快培育电能服务产业，拓展需求响应、用电管理、用能咨询、合同能源管理等多元业务模式。积极发展配合非化石能源高效利用的自动需求响应技术，发展完善智能配用电技术体系，实现响应的自动化和实时化；进一步研究工业、商业、居民负荷响应特性及其与非化石能源发电特性的相互关系，促进智能管理技术在需求响应中的应用，发展多类型需求响应与非化石能源利用相融合的运行管理模式。

加快推进V2G规模化应用。电动汽车具有巨大的充放电灵活调节潜力，要推动电动汽车充电基础设施体系加快建设，探索电动汽车充放电与电力系统互动的机制和模式，预计到2030年，全国V2G规模达到400万辆，2060年电动汽车保有量将达到3.5亿辆，超过15%具备与电力系统互动能力；规划建立基于移动互联网技术的电动汽车信息监控平台，充分收集融合个人、运营、公共等各部门电动汽车运行、停车及充电数据，统一数据收集种类及通信标准，打通电动汽车用户、充电运营商、电力系统调度单位和可再生能源发电商之间的数据共享通道，为充电负荷预测和制定充电引导策略提供决策依据；政府在充电运营商形成初期对公共充电服务平台给予扶持，并鼓励各充电服务平台共享充电数据信息，继而保证车辆用户拥有最大充电决策自由度；积极将电动汽车纳入电力需求响应平台，按照车型差异划定电动汽车充电负荷基线，结合当地电网可再生能源发电出力特性制定车辆充电调节衡量指标，从而对不同车型给予差异化激励或

补偿。另外，加快退役电池储能梯次利用技术研发及示范应用，充分发掘电动汽车动力电池全生命周期与可再生能源发电协同潜力。新能源发电与电动汽车协同运行涉及电动汽车及电池用户、电动汽车及电池生产者、政府决策部门、电网运营商、负荷集成商、可再生能源发电企业等众多利益相关方，创建融合互动的运营平台对提升电动汽车用户参与度、设计价格激励机制、创新商业模式具有重要意义。

加紧推动储能成为主力灵活性来源。加快制定储能技术发展路线图，特别是对主流储能技术的关键指标提出分阶段发展目标；评估储能在发电侧、电网侧、用户侧提供可再生能源并网、电力系统调峰调频的市场潜力；加快制定储能产品模块化标准，推广分布式储能模块的“即插即用”技术；推广主动配电网技术，支撑大面积接入储能和分布式发电；加快储氢、电力合成燃料等长周期储能技术研发，做好季节性调峰关键技术储备。

（四）电力系统作为平台枢纽，引领电氢、电热多系统耦合

开展电氢、电热协同顶层设计。将电力系统作为多能融合协同平台，将氢能、热能与新型电力系统建设有机结合。充分发挥电制氢、电供热灵活调节和长时储能潜力，构建协同互补的电—氢—热基础设施网络。建立健全电氢、电热耦合标准体系，从可再生能源制氢/供热、电—氢—热耦合运行控制等方向，推进能源电力领域电氢、电热耦合的标准化工作，构建并进一步完善氢能、热能与电网耦合领域的标准体系，促进氢能、热能在电力系统应用工程的标准化建设和规范化管理。

加强跨专业联合攻关及产学研用协同研究。加强跨领域跨产业联合攻关，突破关键技术和卡脖子技术。加强电氢、电热基础研究，培育电氢、电热耦合跨专业联合科研创新团队，从产、学、研、用全方位协同加速推动电氢、电热耦合产业发展。开展风光氢储、风光热储试验和示范工程，提升可再生能源利用率。在新型电力系统建设的重点省市，建设氢储能电站，参与电网灵活性调节。在国家氢能试点城市，重点在重卡、物流需求密集区，因地制宜建设分布式制氢和充电站融合的综合能源服务站，开展电氢耦合技术的工程化示范。

建立促进电氢、电热协同的体制机制。论证修订可再生能源制氢、储运、应用审批核准、建设运营、安全监管等行业政策。完善跨部门协调机制，加强可再生能源制氢/供热与能耗“双控”、碳排放“双控”等政策的衔接，探索鼓励可再生能源制氢/供热量在相关考核中予以抵扣的政策，支持相应减排量纳入自愿碳减排市场交易。探索可再生能源制氢/供热电价补贴机制，研究制定可再生能源制氢/供热项目电网调峰与电价优惠政策。

（五）坚持市场化方向，构建适应发展新机制

推动电网“输配分开”，创造公平竞争平台。重构电网组织模式，逐步推进电网输电、配电产权分离，打破电网行政垄断，破除发、售市场化障碍。建立公共服务型的输电企业，专门负责 220 千伏及其以上电网的经营和管理，保障我国主干电网的安全稳定运行；以“准许成本+合理收益”为原则形成价格机制，还原自然垄断输电网公共服务属性，为各类型配售电企业提供公平无歧视接入服务。创建兜底型的配电企业，主要负责 110 千伏及其以下电网（部分大型城市可涵盖 220 千伏电网）的建设和运维，承担边远地区配网建设、农网改造等政策性业务，保障我国既有配电网的稳定过渡和政策性配电的可靠支持；兜底型配电企业同样按照“准许成本+合理收益”建立价格机制，为电力用户提供公平无歧视接入服务。推动发电企业、售电公司等多元经营主体成立竞争性配电公司，对增量配电网进行建设和管理，按照市场化价格运营。

多途径培育经营主体，实现发电侧充分竞争。鼓励发电侧各类经营主体以多种形式参与电力批发和零售市场交易，推动可再生能源发电、燃气轮机发电机组、核电机组等发电企业全面参与电力市场交易，鼓励虚拟电厂企业、储能企业等新兴经营主体进入市场参与电力交易，充分激发市场竞争活力。制定公开透明的准入和退出机制，鼓励地方发电企业、自备电厂等广泛参与电力市场竞争，形成发电侧多元竞争的格局，在充分竞争中实现电力资源的优化配置。严格限制区域煤电资源整合，防止区域煤电资源过度集中而形成新的区域垄断，背离电改“放开两头”的初衷；严格限制大型国有煤电企业整合，防止煤电企业“一家独大”操纵市场，阻碍电

力市场健康运行；参考国际发展经验，随着风、光等可再生能源的快速发展，煤电企业应逐步向电力系统灵活性电源转型，主要盈利来源由电能量市场向辅助服务市场转变。随着煤电外部成本的内部化，要加快研究新形势下煤电企业监管机制，逐步将节能减排监管与市场相结合。

推动配电网“网运分离”，建立电力购售市场竞争格局。加紧推动自然垄断的配电网与具有市场竞争的售电业务分离，建立电力购售市场竞争格局。配电企业统一管理配电网的建设和运维，负责配电网资产管理，既包含国有兜底型配电企业，也含有社会竞争性配电公司，它们都具有公共服务属性。售电企业承担配电网的购售电业务，负责管理配电网运营，鼓励社会资本广泛参与，充分释放购售电市场竞争活力，为电力用户提供价格低廉、满足不同偏好的电力供应，提升用户满足感。研究已建非政策性配电网产权出让机制，配电网企业以配电网资产为纽带，吸纳社会资本成立混改配售电公司，按照市场竞争性企业管理，混改配售电公司独立经营，不受配电网企业领导；通过配电网盘活存量，增加市场竞争主体，进一步激发市场活力。按照完善治理、强化激励、突出主业、提高效率要求，建立有别于国有独资、全资公司的混改配售电公司治理机制和监管制度，防止国有资产流失。

形成合理的多级市场体系，实现各类资源有效配置。加强电力细分市场的统筹设计，明确各类市场的功能定位，做好细分市场的有效衔接。电力中长期市场锁定电力交易主体，发挥规避市场风险的作用；电力现货市场作为市场化电力电量平衡的补充，通过运行与市场的耦合，主要发挥发现价格、完善交易品种的作用；辅助服务市场包含调频、备用等交易，主要保障电力系统安全可靠运行；电力容量市场定位引导中长期电力合理投资。坚持现货市场是各级市场核心纽带的地位，进一步完善电力现货市场规则，加紧现货市场试点工作的推进和总结，尽快在全国范围推广。扩展现货覆盖的经营主体和发用电品种，形成充分竞争的市场氛围，发现电力价格，指导其他市场交易。提高现货市场的包容性和开放性，为不同发电技术提供更加公平非歧视的竞争环境，降低市场新主体、新技术类型的参与门槛。加强现货市场参与主体的风险意识，优化投资组合和出价策略，形成理性的投资和市场运行环境。进一步明确辅助服务保障系统安全、提升运行效率的功能定位，参考国际经验加快建设适合我国国情的辅助服务市场。充分考虑各类灵活性资源运行特性和地域分布，制定兼顾广泛性、有效性和可靠性的辅助服务规则。鼓励各类灵活性资源广泛参与辅助服务市场，通过市场发现辅助服务价格，完善电力辅助服务市场价格传导机制，辅助服务费用通过输配电价等方式疏导至全体电力用户。

加强电力市场互联互通、互补衔接，充分发挥各级市场作用。发挥市场在更大范围内优化电力资源配置的优势，以全国各省（区、市）全部实现电力市场化为中长期目标，推动省级电力市场互联互通、互补互济。推进省级电力市场和跨省跨区电力市场的建设，设计省级市场与全国市场的统一接口，构建可实现两级（或多级）电力市场的多类型、多品种的协同交易体系。推动中长期电能量市场由双边合同向差价合约、期货市场等多种形式扩展，加强与现货市场的耦合与衔接，提升经营主体风险管控和规避的能力，增加电力商品交易的多样性、灵活性和流动性；加快现货市场从日前市场向日内、平衡市场扩展，加强现货交易与系统实时运行的衔接，提升系统的安全稳定性和运行效率。建设多级电力市场的设想见图 8-1。

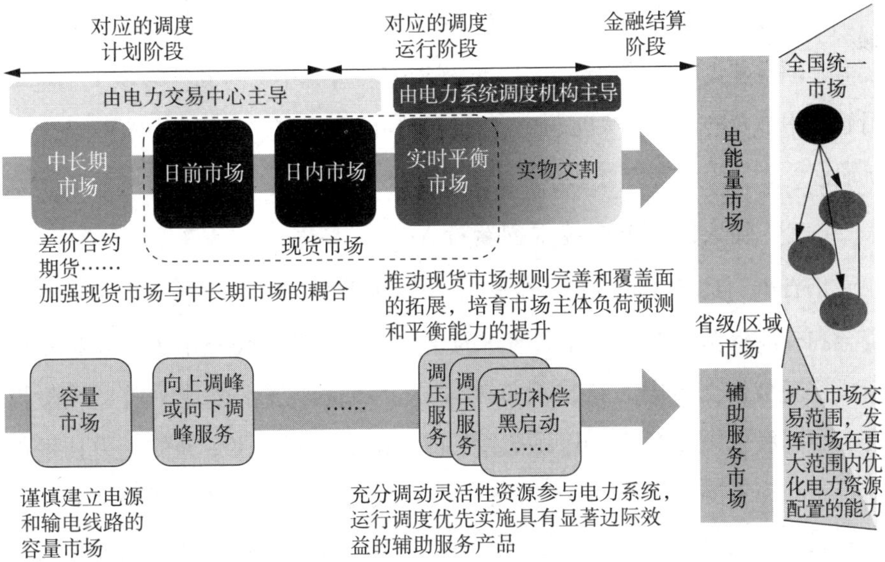

图 8-1 建设多级电力市场的设想

四、新型电力系统建设政策建议

面对新型电力系统建设，我国电力系统体制机制必须进行深刻变革和完善，做好保障支撑。

（一）加强电力统筹规划

电力规划是能源宏观管理的重要措施，也是能源开发建设管理的基本依据。面向碳达峰碳中和，我国需要全面加强电力系统规划，电力发展系统性强，不能完全依靠市场调节实现系统最优，能源主管部门必须加强统一规划协调，出台相关政策对市场进行引导，实现能源战略的长远目标；新能源产业发展和布局是国家经济、社会发展战略的重要组成部分，应采取措施保证各类产业的合理布局和协调发展，保证国家发展战略目标的实现。全面加强统筹协调，提高国家能源电力主管机构的决策能力和管理层次，将新能源纳入国家能源战略及相关规划；用战略指导规划，用规划落实战略；针对战略和规划要求，调整具体的政策法规标准和经济调节手段。各省（区、市）能源电力主管部门要根据全国能源电力发展规划的要求，结合本地区实际编制本省（区、市）能源电力开发规划，根据本地区资源情况和电力市场条件，明确本地区能源电力开发目标、项目布局和保障措施等，并根据年度实施方案做好项目建设的统筹协调工作。在规划落实过程中，对新能源重大工程项目管理中涉及的相关重大问题应建立科学的决策机制；对相关问题应开展系统研究，充分吸收各方意见，保证决策的公开、透明、科学。

（二）加大能源电力技术创新投入

培育电力技术创新环境、完善技术创新投融资机制、加大中央预算内资金和政府性基金对能源技术创新的支持力度；研究设立电力产业科技创新投资基金，支持电力科技示范工程建设和企业技术改造；引导风险投资、私募股权投资等支持电力技术创新；建立健全企业主导的电力技术创新机制，完善能源领域中小微企业创业孵化等创新服务体系，鼓励能源电力领域中小微企业加大研发力度，打开良好局面；鼓励围绕重点和新兴能源技术领域构建以企业为主导、产学研合作的产业技术创新联盟；建立尊重创新、良性竞争的科研管理体制，完善新技术、新模式等知识产权创造和保护机制。

（三）健全能源电力法律体系

坚持立法先行，形成优先发展新能源的法律保障体系。在法律层面要更全面、明确、具体地规定新能源优先发展的战略地位，把宏观战略、政策体系、监管考核、体制改革系统纳入法治化轨道，以法律保障推进新能源发展和能源转型。尽快出台《中华人民共和国能源法》等基础法律，明确规定优先发展新能源、加快替代化石能源的基本导向和规则，建立有利于风电等新能源发展的法律秩序；要对《中华人民共和国电力法》进行修订，使其适应电力市场化改革方向，保障新能源电力项目建设、发电并网和消纳的优先地位，明确分布式发用电的经营主体分类和法定地位，制定公正独立的电力调度和交易机构设置及制度安排，建立电力交易规则和电价形成机制；推进《中华人民共和国节约能源法》的修订，保障节能工作的持续推进；加快制定《中华人民共和国原子能法》，保证核电安全和有序发展；加快推进对《中华人民共和国可再生能源法》的修订，增强其可操作性，使其更加具体化。

（四）加强电力系统各级、各环节监管

明确政府、电网企业、发电企业、电力消费者、交易中心、调度机构的责任、权利和义务，建立权责分明、协作配合的电力市场化改革执行体系。对照市场化改革目标，明确每项任务的责任主体，强化主要任务责任落实，实现改革有序、稳妥推进；紧盯重大改革任务，强化节点进度考核，注重重大任务完成质量；加强改革各环节沟通联系，强化改革的联动和配合；对执行不力、进展缓慢、落实不到位的重点任务，建立预警、约谈和处分机制，保障改革任务顺利推进。从电力全环节的角度出发，建立发电、输电、配电、售电改革的全方位监管模式；强调事中监管，将各主要任务列入监管范围，加强监管风险监测研判，建立健全联合惩戒机制；研究建立电力监管委员会，建设有力、专业的监管队伍，分行业形成科学、高效的监管体系；运用信息采集、大数据、“互联网+监管”等先进技

术手段创新监管方式，提升电改监管效能；向社会公开发布监管报告，披露监管信息，增加监管工作的透明度，使监管发挥更加积极主动的作用。

参考文献

[1]Bogdanov，Dmitrii，et al. Low-cost renewable electricity as the key driver of the global energy transition towards sustainability [J]. Energy，2021(227)：120467.

[2] Capurso T.， et al. Perspective of the role of hydrogen in the 21st century energy transition [J]. Energy Conversion and Management，2022(251)：114898.

[3]高骞，杨俊义，洪宇，等．新型电力系统背景下电网发展业务数字化转型架构及路径研究[J]．发电技术，2022，43(6)：851.

[4]郭剑波．新型电力系统面临的挑战以及有关机制思考[J]．中国电力企业管理，2021(25)：8-11.

[5]黎博，陈民铀，钟海旺，等．高比例可再生能源新型电力系统长期规划综述[J]．中国电机工程学报，2023，43(2)：555-581.

[6]Shu，Yinbiao，et al. Building a new electric power system based on new energy sources[J]. Strategic Study of Chinese Academy of Engineering，2021，23(6)：61-69.

[7]王仲颖，郑雅楠，赵勇强，等．碳中和背景下可再生能源成为主导能源的发展路径及展望(下)[J]．中国能源，2021，43(10)：9-17.

[8]吴珊，边晓燕，张菁娴，等．面向新型电力系统灵活性提升的国内外辅助服务市场研究综述[J]．电工技术学报，2023，38(6)：1662-1677.

[9]于娟．深化电力体制改革　建立以新能源为主体的新型电力系统[J]．中国物价，2021(11)：82-84.

[10]周建平，杜效鹄，周兴波．面向新型电力系统的水电发展战略研究[J]．水力发电学报，2022，41(7)：106-115.

第九章

构建新型能源市场体系

内容摘要：新型能源市场体系以市场化运作为根本方式，通过价格机制实现绿色—经济—安全的有机统一。新型能源市场体系具有三多（多目标、多类型、多层级）、三化（法治化、数字化、国际化）、三性（系统性、创新性、高效性）的鲜明特征。建设新型能源市场体系要建立全国统一电力市场体系，完善新能源市场参与机制，培育多元竞争经营主体。不断深化燃料市场建设，健全煤炭市场体系，深入推进油气市场化改革。加强能源市场与资源环境要素市场协调，稳步推进全国碳排放权交易市场建设，加强绿电绿证市场建设，促进电力市场、绿证市场、碳市场协调。

一、我国能源市场发展现状

（一）煤炭市场

改革开放以来，煤炭市场经历了从计划经济向社会主义市场经济的转变。煤炭市场的发展历史大致可以划分为四个阶段：

第一阶段为煤炭体制转轨发展阶段（1978—1992 年），国有重点煤炭企业（大煤矿）在这一阶段依然主要实行计划经济。从 1985 年开始，煤炭定价开始进入统一的煤炭价格双轨制阶段。一方面，国有煤矿开始实行总承包制，国家允许煤矿超产和超能力煤加价，企业自主经营权逐步扩大；另一方面，国家允许乡镇煤矿及各类小煤窑（小煤矿）价格随行就市，乡镇煤矿在政策支持下快速发展，最多时有 8 万多个。价格双轨制一方面确实起到了鼓励煤炭增产、保护下游企业的作用，但另一方面，煤炭同质不同价也引发了供需矛盾、加剧了煤炭企业之间的冲突，最终导致计划内煤炭逐渐减少，低价政策难以维持。

第二阶段为煤炭行业市场化培育和发展阶段（1993—2001 年），煤炭定价实行电煤的价格双轨制。这一阶段，国家通过试点放开煤炭价格，改革订货制度，以《中华人民共和国煤炭法》为基础的政策体系开始建立。1994 年，煤炭价格完全放开，电力价格却并未放开，一些电力企业无法按照市场价购煤，停电事件时常发生。在此情况下，政府规定对电厂供煤执行普遍低于市场价的国家指导价。与此同时，重点合同之外的普通煤炭价格随行就市，非电力用煤实现了市场化。

第三阶段为煤炭工业全面发展阶段（2002—2012 年），煤炭定价机制开始步入市场化探索阶段。2002 年起，国家停止发布煤炭指导价格，但在改革初期，政府依然会发布参考性协调价格，并对未能协商一致的价格进行干预。2005年，国务院颁发《关于促进煤炭工业健康发展的若干意见》，明确提出“加快建立以全国煤炭交易中心为主体，以区域市场为补充，以网络技术为平台，有利于政府宏观调控、市场主体自由交易的现代化煤炭交易体系”。此后，煤炭交易中心陆续建立，但由于煤炭交易市场限制较多，真正具有市场影响力的煤炭交易市场尚未形成。2006年12月，延续了50年之久的煤炭订货会形式改为视频电话会议形式，交易方式逐渐走向市场化，但依然存在重点合同，价格形成机制依然没有完全市场化。

第四阶段为煤炭市场化体制机制发展较为完善的阶段（2013年至今），这一阶段的煤炭定价机制又分为完全市场化阶段（2013—2015年）和“长协价+浮动价”的价格双轨制阶段（2016年至今）。2013年，国家完全取消电煤价格双轨制，取消重点合同，煤炭定价由煤炭企业和电力企业自主协商确定，政府不再对煤炭企业的正常经营活动进行干预。然而，由于2012年后煤炭行业进入转型期，煤炭产能过剩问题突出，煤炭价格处在下行通道，煤炭企业和电力企业签订的长协价格在2016年前尚未得到严格执行。2016年初，国务院颁发了《关于煤炭行业化解过剩产能实现脱困发展的意见》，提出煤炭行业要推进淘汰落后产能和发展先进产能，煤炭价格重回上升通道。2016年底，神华集团重启年度长协价和现货价双轨制，明确了“基准价535元+浮动价”的定价模式。此后，现货价受到市场形势的影响不断调整，基准价则相对稳定，两者价差持续拉大，新的价格双轨制再度形成。

（二）电力市场

改革开放以来，我国电力工业实现了历史性发展，为我国经济腾飞做出了重要贡献。总体来看，电力市场发展大致分为三个阶段：

第一阶段是快速发展阶段（1978—2002年）。改革开放之初，我国电力资源紧张、缺电严重，政府加大了对电力基础设施的投资，同时引入了外资和技术大规模建设火电站、水电站和核电站。当时，我国采用两部制电价，在稳定总体价格的基础上，激励用户提高用电负荷率，提升电力使用效率。随后，政府为了鼓励社会资本投入电力行业，引入“还本付息”电价，核定能够覆盖融资成本、保障协议利润的上网电价、销售电价。1997 年亚洲金融危机发生后，我国电力供需矛盾有所缓解，我国的上网电价政策采用经营期电价，销售电价实施了农电“两改一同价”改革。从 1978 年到 2002 年，我国发电量由 2565 亿千瓦时增加到 16540 亿千瓦时，增加了 5.4 倍；同期国内生产总值增加了 8.0 倍。

第二阶段是市场化改革阶段（2002—2015 年）。2001 年我国正式加入世界贸易组织，经济发展进入新的历史阶段。与此同时，2002 年我国政府发布了《电力体制改革方案》，提出了“厂网分开、竞价上网、打破垄断、引入竞争”的改革目标。同年，国家电力公司被拆分为 11 家独立的公司，包括五大发电集团和两大电网公司。2005 年，我国颁布《电价改革办法》，燃煤机组上网电价形成机制由事后定价改为事前核定标杆电价。此后，标杆电价推广到清洁能源领域；征收可再生能源电价附加和上网电价退坡相结合的补贴制度出台，促进了可再生能源的发展。从 2002 年到 2015 年，我国发电量由 16540 亿千瓦时增加到 57400 亿千瓦时，增加了 2.5 倍；同期国内生产总值增加了 2.4 倍，与电力增长速度基本一致。2010 年，我国发电量达到 42017 亿千瓦时，超过美国成为世界第一大电力生产国。

第三阶段是深化电力市场化改革阶段（2015 年至今）。2015 年，以中共中央、国务院下发《关于进一步深化电力体制改革的若干意见》为标志，我国进入电力市场化改革新时期。新一轮电改以来，我国电力市场建设成效显著，全国统一的电力市场规则体系基本建立，已初步形成“管住中间、放开两头”的体制架构，基本建成“统一市场、协同运作”的电力市场总体框架（见图 9-1），初步形成电力价格主要由市场决定的机制。目前，电力中长期市场已在全国范围内基本实现常态化运行，电力现货市场进入“转正”阶段，电力辅助服务市场基本实现全国覆盖。2024 年，全国市场交易电量约 6.1 万亿千瓦时，占全社会用电量比重约为 62%。

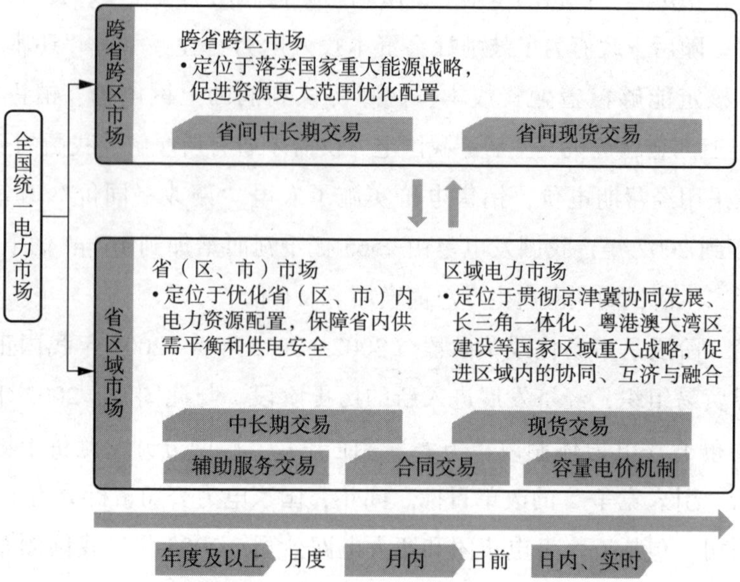

图 9–1　全国统一电力市场总体框架

（三）油气市场

石油和天然气作为重要的战略资源，关乎国家的发展与安全。改革开放以来，我国的油气市场发展可分为四个阶段：

第一阶段为计划与市场双轨并存阶段（1982—1993 年）。1982 年，为缓解成品油供应紧张状况，中国石油公司（当时称燃料公司）按国际市场价格向石油部购买部分柴油并高价投放市场，试销取得良好效果。1983 年开始，国家先后批准高价、议价油品投放市场，以 1982 年分配计划为基数，基数内油品执行国家价格（平价），为指令性计划，新增加用油执行高价或议价，为指导性计划。1984 年，中国石油公司发出《关于开创销售高价油新局面的通知》，提出不再限制高价油出售。从此，中国石油市场进入了多种价格并存、多渠道经营的时期。这一阶段，天然气的经营方式由粗放型向集约型转变，各油气田企业开始成立天然气营销部门。

第二阶段为恢复统一计划管理阶段（1994—1997 年）。1994 年，国务院出台了原油、成品油流通体制改革方案，对渠道混乱、市场无序的石油市场进行整顿。方案规定，未经国家计委批准，油田不得直接向地方炼厂提供原油资源；炼油企业不得搞各种形式的原油来料加工，不得直接向市场销售成品油。决定原油价格与国际价格逐渐接轨，成品油多种价格并轨。

第三阶段为油价市场化改革阶段（1998—2012 年）。1998 年，中国石油和中国石化两大集团的重组拉开了油价改革的序幕。1998 年，国家计委出台了《原油成品油价格改革方案》，规定国内原油、成品油价格按照新加坡市场油价相应确定，这标志着成品油定价市场化的开始。2000 年，国内成品油价格开始与国际接轨。2001 年，国内成品油价格接轨机制由单纯依照新加坡市场油价确定国内成品油价格改为参照新加坡、鹿特丹、纽约三地石油市场价格调整国内成品油价格。2003—2008 年，由于国际油价大幅波动、快速上涨，成品油价格由国家发展改革委宏观调控，降低国际油价波动对国内市场的影响，但国内外油价倒挂引发了市场供需失衡。2009 年，国家发展改革委再度推出成品油价格形成机制改革方案，提高了国内成品油的市场化程度。

第四阶段为国内油气市场深化改革的新阶段（2013 年至今）。2017 年中共中央、国务院印发《关于深化石油天然气体制改革的若干意见》，围绕价格形成机制、油气进出口管理体制改革、推进上下游矿权配置改革、成立国家管网公司等部署了八个方面的重点改革任务。在价格形成机制上，国家发展改革委在 2013 年将成品油调价周期缩短，使国内油价可以更为敏锐地反映国际油价的变化；2021 年提出根据天然气管网等基础设施独立运营及勘探开发、供气和销售主体多元化进程，稳步推进天然气门站价格市场化改革，完善天然气管道运输价格形成机制。在油气进出口管理体制上，原油进口政策进一步完善，民营企业获得液化天然气进口权。在管网建设上，2019 年 3 月，中央全面深化改革委员会第七次会议审议通过了《石油天然气管网运营机制改革实施意见》，组建国有资本控股、投资主体多元化的石油天然气管网公司，推动形成上游油气资源多主体和多渠道供应、中间统一管网高效集输、下游销售市场充分竞争的油气市场体系，提高油气资源配置效率，保障油气安全稳定供应。同年 12 月，国家石油天然气管网公司正式成立，负责干线管网互联互通和与社会管道联通，实现基础设施向用户公平开放，“X+1+X”油气市场格局初步形成。

（四）资源环境要素市场

改革开放以来，随着经济的腾飞，我国的资源利用量和污染物排放量呈现高速增长特征，并导致了资源紧缺、环境污染、生态退化等严重问题。我国逐步实施了资源有偿使用和排污收费等制度。2005年，我国正式将节约资源作为国策。“十一五”以来，我国先后提出了能源、二氧化碳等总量或强度下降目标，并将其向地方进行分解，成为资源环境要素配置的雏形。在行政化配置资源环境要素的同时，我国先后启动了碳排放权、用能权、绿电绿证等资源环境权益交易市场（或试点），并探索采用市场化的机制实现生态资源的价值增值。由于资源环境要素的物理特征不同、区域分布不同，并受发展阶段影响，不同类型资源环境要素市场发展差异巨大。

多层次碳排放权交易市场初步形成。早在2005年，我国便开始参与《京都议定书》下清洁发展机制项目，2012年我国建立了温室气体自愿减排交易市场。2013年以来，我国在北京、天津、上海、重庆、广东、湖北、深圳7个省、市启动碳排放权交易试点工作。2021年7月16日，全国碳排放权交易市场（以下简称全国碳市场）正式启动运行，标志着我国多层次碳市场体系的正式建立。三年多以来，全国碳市场逐步形成了由政策法规体系、配额管理体系、监测报告核查（Monitoring，Reporting，Verification，MRV）体系、运行支撑体系、多层级联合监管体系组成的制度框架。截至2024年12月15日，全国碳排放权交易市场碳排放配额累计成交量6.1亿吨，成交额414.5亿元，二氧化碳平均价格68.0元/吨。

用能权市场仅在少数地区进行试点。2015年9月印发的《生态文明体制改革总体方案》首次提出用能权交易的概念。2016年9月，国家发展改革委印发《用能权有偿使用和交易制度试点方案》，确定了浙江、福建、河南和四川为试点地区。2018年以来，上述4个地区先后启动了试点工作。2022年，全国多个城市在市级层面进一步加大了对用能权交易的支持力度。例如，青岛市联合印发《青岛市用能权交易实施细则（试行）》，安徽省合肥市、江苏省苏南五市等也在向用能权交易的形式过渡。

绿电绿证市场加快演变。2017年，我国建立可再生能源电力绿色证书认购和交易机制。进入“十四五”，风、光等可再生能源进入平价上网阶段，开始有大量平价绿证供应。2023年，国家发展改革委等部门印发《关于做好可再生能源绿色电力证书全覆盖工作　促进可再生能源电力消费的通知》，明确提出绿证是我国可再生能源电量环境属性的唯一证明，是认定可再生能源电力生产、消费的唯一凭证，实现了绿证对可再生能源电力的全覆盖。绿电方面，2021年印发的《绿色电力交易试点工作方案》提出绿色电力产品初期主要为风电和光伏发电企业上网电量，条件成熟时可逐步扩大至符合条件的水电，绿色电力主要由两大电网公司组织，并在北京、广州两大电力交易中心开展交易。2023年2月15日，国家发展改革委、财政部、国家能源局印发了《关于享受中央政府补贴的绿电项目参与绿电交易有关事项的通知》，明确提出“扩大绿电参与市场规模，在推动平价可再生能源项目全部参与绿电交易的基础上，稳步推进享受国家可再生能源补贴的绿电项目参与绿电交易”，绿电交易覆盖至全部可再生能源发电项目。

2022年，习近平总书记在党的二十大报告中强调“健全资源环境要素市场化配置体系”，首次将资源环境定位为生产要素。2023年7月，习近平总书记在全国生态环境保护大会上提出“要推动有效市场和有为政府更好结合，将碳排放权、用能权、用水权、排污权等资源环境要素一体纳入要素市场化配置改革总盘子”，对资源环境要素的改革方向提出了明确要求。

二、我国能源市场存在的突出问题

（一）不同品种能源市场的成熟度差异巨大

改革开放以来，我国煤炭、电力、油气市场均开启了市场化进程。但是显而易见，不同品种能源市场的成熟度差异巨大。煤炭市场经过了多次改革，已基本实现了市场化定价。但是由于下游电力市场改革不彻底，“煤电顶牛”问题长期存在，动力煤市场价格又不得不调整为“基准价+浮动价”的方式。电力市场正处于新一轮“电改”大潮中，市场化程度明显提高，但是如何准确定位电网的作用、如何平衡各类经营主体的关系、如何开展省际现货市场等问题仍然亟待解决。油气市场相对封闭，如何推动竞争性环节改革、健全输配价格形成机制也是重要问题。

（二）能源市场基础制度、基础规则尚不统一

能源市场在产权保护制度、市场准入制度、公平竞争制度、社会信用制度、市场监管制度等方面，与统一大市场的要求还有一定差距。例如，在油气勘探开发等上游领域，国有资本仍占据绝对主导地位，社会资本进入还面临很多问题和挑战。电力、油气价格仍以政府定价为主，垄断环节价格核定科学精细化程度有待加强，成本补偿机制不完善，交叉补贴测算口径和分摊方法未达成共识。竞争性环节市场化不充分，燃气机组、抽水蓄能等高价机组成本传导至销售侧的机制尚未完善。

（三）环境、安全等外部性成本尚未充分实现市场化

当前，自然资源在使用过程中产生的外部性逐渐显现，环境容量逐渐成为一种特殊的生产要素。这决定了资源环境要素价格应考虑其外部性，使要素使用的私人成本接近或等于社会成本。当前，外部性难以内部化仍是资源环境要素配置存在的主要问题，资源性产品价格难以全面反映资源稀缺程度、生态环境损害成本和修复效益。一是资源性产品使用的外部性未能反映在生产成本中。如在煤炭、铁矿石、稀土等矿产资源开采过程中，资源开采地获得的收益难以完全反映资源产品价值并覆盖生态修复成本，而资源使用地却以较低价格获得了资源要素。二是环境破坏的外部性未能体现在企业成本中。大量高污染企业超标排放“工业三废”，以破坏环境为代价推动业务发展，却没有承担环境破坏带来的全部成本。资源环境要素外部性不能有效内部化的直接结果，就是资源类产品价格偏低，环境保护投入不足，进而导致国内的资源环境问题日益严重。

除了资源环境要素外部性尚未内部化，安全问题外部性同样尚未实现内部化。近年来我国多次爆发了电荒现象，除了需求增长过快、供应增长缓慢，以解决运行安全性为主要目标的电力辅助服务市场和容量市场建设缓慢也是重要的原因之一。煤电不得不承担调峰、调频的重任，新能源却尚未为其不稳定性支付代价，用户侧调节负荷的机制尚未确立，这也引发了煤电和新能源之间、电源和用户之间的矛盾。

（四）部分能源商品市场竞争不充分、干预现象突出

一是能源市场自然垄断带来的弊端日益凸显。主要表现为：第一，具有市场支配地位的企业实施垄断行为，包括售出产品时采用垄断高价，购进时采用垄断低价，或者通过捆绑销售、拒绝交易、指定交易、歧视性定价、掠夺性定价等方式扰乱市场正常秩序。第二，同一市场中具有竞争关系的企业之间达成垄断协议，包括控制产品销售价格与数量、划定销售区域等，从而影响市场正常运转。这些垄断行为严重破坏了市场公平，导致生产价格偏离正常水平，以及部分行业不同生产要素的配置比例失衡。

二是地方保护和区域壁垒问题突出。各地区为发展经济，往往制定各类优惠政策以吸引外来投资。但在本地龙头企业进行跨区域布局时，地方政府往往通过各种方式，试图将企业投资留在本地，一些地区会对投资于本地区的企业配置煤矿；或者对退出企业设置种种障碍，甚至采取惩罚性措施，以阻止企业在其他地区投资。这些行为不仅影响了企业的正常发展，也阻碍了商品和要素的跨区域流动和优化配置。

三、新型能源市场体系及电力市场的内涵特征

（一）新型能源市场体系的内涵特征

新型能源市场体系是在传统能源市场的基础上，以市场化运作为根本方式，通过价格机制实现绿色—经济—安全的有机统一。新型能源市场以“三多、三化、三性”为主要特征。

“三多”，即多目标、多类型、多层级。**多目标**是指同时具有经济、绿色、安全三方面发展目标，这是新型能源市场体系区别于传统能源市场的显著标志。经济属性主要通过能源商品市场，实现能源商品的市场化定价；绿色属性主要通过资源环境要素市场，实现能源生产要素的公平高效配置；安全属性主要通过辅助服务等市场，重点解决能源运行中的安全问题。

多类型涵盖煤炭、石油、天然气、电力、热力、氢能等多品种能源，并且各类能源市场之间形成耦合。特别是电力市场将成为新型能源市场体系的主要组成部分，由于电力发展的时空差异和瞬时平衡需求，电力市场

将和上游的煤炭市场以及同级的氢能、热力市场形成较强的耦合关系，市场价格将在能源品种中自由传导。

多层级是指能源市场具有一级市场、二级市场、金融市场等多级市场架构，一级市场突出公平准入，允许各类经营主体公平参与到市场中；二级市场以效率优先，通过市场化交易实现资源的优化配置；金融市场着重发现价格，凸显各种因素对能源价格的影响。

“三化”“三性”，即新型能源市场体系具有法治化、数字化、国际化、系统性、创新性、高效性的鲜明特点。**法治化**是指市场建设发展以法律为基础，**数字化**是指新型能源市场要以数字技术、信息技术为依托，**国际化**是指新型能源市场体系要和国际能源市场充分衔接并成为国际市场的重要组成部分。**系统性**是指能源市场制度经过了系统的设计，各项规则紧密衔接，**创新性**是指能源市场具有自我创新的特性，能不断创造新的交易模式，**高效性**是指能源市场将更高效地实现资源的优化配置。

（二）适应新型电力系统的电力市场特征

新型电力系统是新型能源体系的关键环节，电力市场也将在新型能源市场体系中占据突出的地位。具体来讲：

一是全国—省区—配网侧多层市场构架。各省交易机制的差异限制了更大范围的电量交易。建立区域融合协同机制，破除省间交易壁垒，实现有效紧密的区域融合，是全面提升能源交易水平和能源消费水平的重要手段，也是实现更大范围资源优化配置、释放社会福利的重要途径。高层级市场将扩大资源配置规模，低层级市场将提高网络和资源建模的精细度。跨省区输电通道链接构成国家电力市场，各区域、各省之间相互耦合，形成省间交易、区域间交易的接续式输电形态，实现资源互济。输电网层面的批发市场和配电侧市场积极互动，前者为后者提供平衡保证，后者减少前者的运行压力。配电网内分布式发电和一般用户相互交易，电能就地平衡，使其在整体交易中的占比明显增大。全国统一电力市场目标构架与演化路径见图 9-2。

二是电力辅助服务品种极大丰富。除了传统辅助服务之外，随着新能源占比不断提升，其出力间歇性、无惯量等特性也促使电力市场加入更多

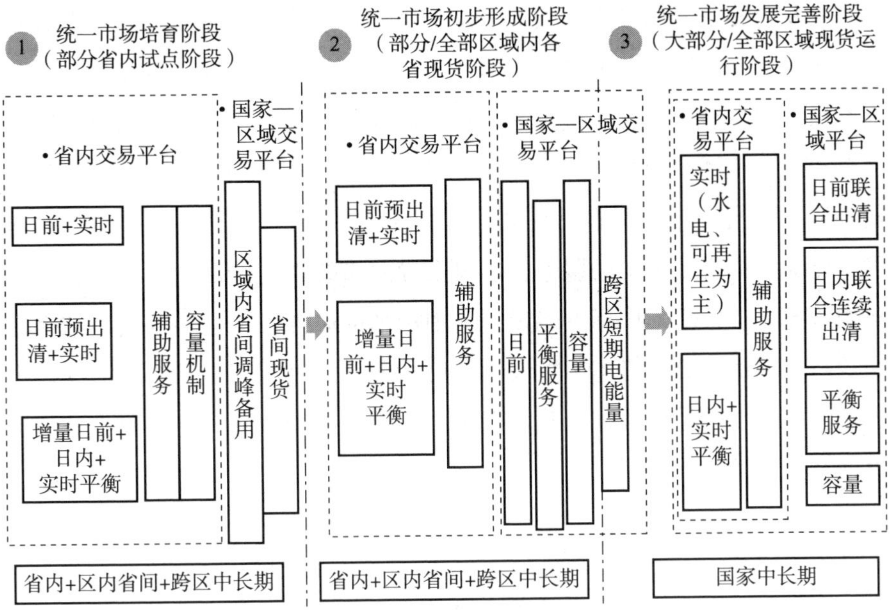

图 9-2　全国统一电力市场目标构架与演化路径

新的辅助服务品种，以应对系统运行挑战。如灵活爬坡（15 分钟快速调节能力）为系统在本时段预留出足够的灵活调节空间，以确保系统可调出力能够满足下一时段负荷变动需求；转动惯量（秒级相应频率波动调节能力）要求系统在线机组的总惯量满足系统运行安全需求，以保障系统在频率波动时有较好的响应和恢复能力。电力市场架构与辅助服务品种见图 9-3。

电能量	电力中长期交易	从多日到多年尺度的电能量交易，以年度和月度交易为主
	电力现货交易	包括日前和日内电能量交易，两批共14个省级试点，正向全国推广
辅助服务	调峰辅助服务市场	针对日内调峰设计，逐步向现货市场和调节型容量市场转变
	辅助服务市场（除调峰外）	面向调频、备用、无功补偿、灵活爬坡、转动惯量等辅助服务品种
容量	容量补偿机制/容量市场	维持系统充裕度，激励可用发电容量，提高电力供应韧性

图 9-3　电力市场架构与辅助服务品种

三是价格信号引导作用放大。新型电力系统中，由于风、光等电源具有不确定性和难以提前准确预测的性质，难以提前确定发电量以参与中长期交易，其特性更适合包括日前、日内的现货市场。现货市场通过分时价格信号反映市场实时供需，其重要性在高比例新能源系统中将不断提升。辅助服务需与能量交易联合考虑，单独开展情况下，若机组多中标电能量，则无法提供足量辅助服务，不仅会导致系统调节资源不足，还会影响机组收益；若机组不中标电能量，只中标辅助服务，又会导致交易结果无法执行。因此需要联合考虑能量和辅助服务，通过一套交易流程，确保出清结果一致，交易可执行。现货市场边际价格出清下可再生能源收益波动见图 9-4。

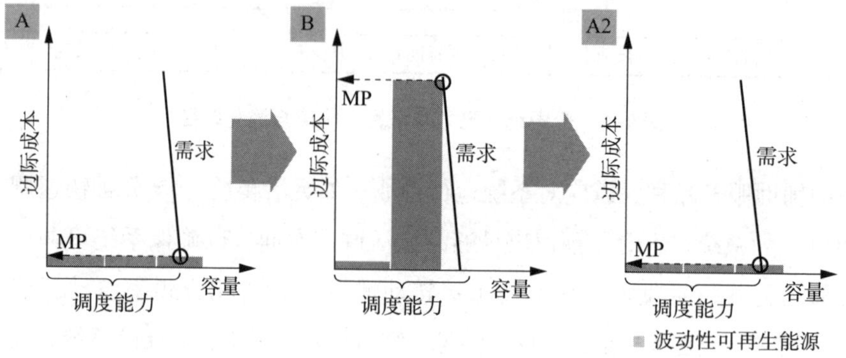

图 9-4　现货市场边际价格出清下可再生能源收益波动

四是能量价格下滑、容量价值凸显。随着新能源渗透率上升，火电比例明显下降，电力市场出清边际价格将由低成本新能源报价决定，导致市场边际价格大幅下降。另外，由于新能源发电在全年和全天的出力存在不稳定性，为了维持电力系统的稳定供给，传统机组的稳定容量价值逐步凸显，容量市场作为衡量容量价值、支付容量费用的平台的作用不可或缺。但现货市场采用边际出清价格机制，发电机组竞争的是变动成本，容量成本并未体现。若市场不允许出现“天价”，峰时电价被压制，定价机制被扭曲，发电机组大多无法合理回收成本，但这些机组事实上履行了保证高峰负荷的容量义务。因此需要引入容量补偿机制或容量市场，给予容量机组合理补偿。国外典型电力现货市场稀缺电价机制见表 9-1。

表 9-1　国外典型电力现货市场稀缺电价机制

国家或地区	现货市场价格帽
美国 PJM 电力市场	1000 美元/兆瓦时
美国纽约电力市场（NYISO）	1000 美元/兆瓦时
美国新英格兰电力市场（ISO-NE）	1000 美元/兆瓦时
美国得州电力市场（ERCOT）	9000 美元/兆瓦时
美国中西部电力市场（MISO）	1000 美元/兆瓦时
美国加州电力市场（CAISO）	1000 美元/兆瓦时
欧洲电力交易所（EPEX）	3000 欧元/兆瓦时
北欧电力交易所（Nord Pool）	3000 欧元/兆瓦时
澳大利亚国家电力市场	15000 澳元/兆瓦时

五是绿色价值得到体现。电力市场中主要以可再生能源消纳责任权重作为政策约束，以绿电交易作为履行消纳责任的主要手段，并以绿证作为履约的配套补充措施，构成体现可再生能源绿色价值的市场体系，促进可再生能源消纳利用。体现绿色价值的市场机制见表 9-2。

表 9-2　体现绿色价值的市场机制

指标	消纳责任	绿色证书		绿电交易
属性	强制	自愿		自愿
参与主体	电网+存量风光水	存量风光+电力用户	平价上网风光+电力用户	可再生能源发电+电力用户
定价方式	保障性量价、强制消纳，量价以核定为准	发电企业挂牌，单价上限不高于补贴	发电企业挂牌	协商、挂牌，用户主动购买
补贴范围	全额享受补贴	绿证覆盖部分不享受补贴		绿电覆盖部分不再享受补贴
优势	量价有保障；责任落实到用户	对冲补贴，可多次购买，初步体现环境价值，证电分离，支持非物理通道传输		体现环境价值和绿色消费意愿；消费凭证体现绿电核销、有效溯源；优先组织、执行、结算
弊端	无激励措施、预测精度低	各自定价、资源交易量小，一次性交易、流动性差		可能重复计算环境价值

四、健全新型电力市场

（一）建立全国统一电力市场体系

一是建立有利于新能源跨区优先消纳的市场机制，独立调度中心协调省间、区域间交易机制，扩大市场化交易规模。二是开展中长期分时段电力曲线交易，实现交易标的物由电量向电力转变。三是进一步缩短交易周期、增加交易频次、丰富交易品种，提高交易灵活性。四是挖掘输电通道潜力，结合季节性、时段性供需特点，优化分配通道资源。五是建立跨省区辅助服务共享机制或交易机制，实现辅助服务资源互济。六是持续深化省（区、市）电力市场建设，实现国家市场、省（区、市）/区域电力市场等不同层次市场的相互耦合，在资源流通环节为新型电力系统创造市场环境。

（二）完善新能源市场参与机制

完善电能量市场机制。一是市场化过渡阶段合理确定清洁能源保障性利用小时数，引导平等参与市场交易。对于存量项目，项目经营期内有关支持政策保持不变。对于增量项目，确定以“保价保量”方式收购电量，其余部分参与市场；“保价保量”方式收购电量逐年递减，直至缩减至零。二是完善新能源发电曲线分解机制，由分时段电量细化为分时电力曲线。新能源通过中长期市场，确保与可再生能源保障性收购政策衔接。三是完善新能源参与现货交易机制，健全与中长期、辅助服务等交易的衔接，给予新能源相对稳定的价格信号，确保新能源项目的投资预期可控。新能源主体可通过报量不报价或报量报价方式参与现货市场。四是提高新能源预测水平，引导其逐步承担系统平衡责任，合理分摊系统调节成本。对于现货试点地区，可再生能源发电企业在日前市场申报次日出力曲线作为结算依据。对于非现货试点地区，可再生能源发电企业在日前提交次日分时段出力计划，出力计划与实际发电曲线偏差部分电量接受偏差考核。可再生能源两阶段采购模式见图 9-5。

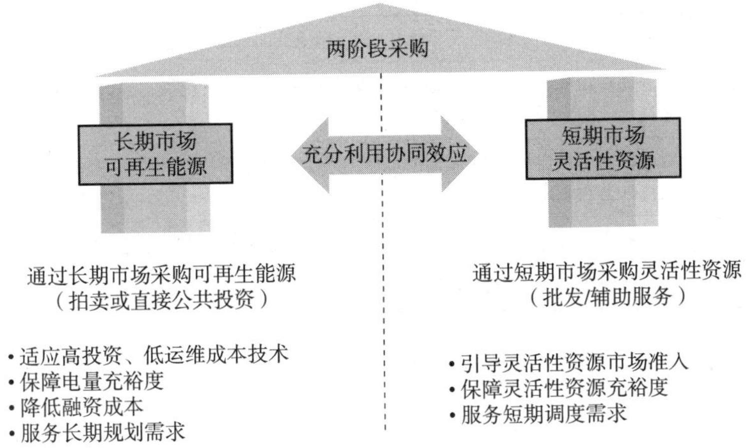

图 9-5　可再生能源两阶段采购模式

健全辅助服务交易品种。一是创新设计辅助服务交易品种，应对新能源特性，健全调频、备用等辅助服务交易机制，积极探索设计转动惯量、快速爬坡等新型辅助服务交易品种。二是建立辅助服务费用分摊机制，完善辅助服务成本向用户侧疏导机制，实现辅助服务成本科学分摊。三是完善多元化辅助服务交易体系，推动灵活性资源参与辅助服务交易，促进火电灵活性改造，完善中长期、现货电能量交易和辅助服务交易的衔接机制，建立源网荷储一体化和多能互补的协调运营及利益共享机制。

推动建立容量补偿/市场机制。前期推动建立容量成本补偿机制，合理确定容量成本补偿范围，综合考虑发电成本、系统可靠性要求，建立容量补偿标准和价格，重点针对应急备用、调节机组设计容量补偿机制，保障紧急状态下系统安全稳定运行。中后期探索建立容量市场机制，逐步将容量补偿机制向容量市场过渡，以市场机制发现发电容量、调节容量价格，通过价格信号引导发电企业投资运营，确保容量的长期充裕性，同时进一步探索负荷侧经营主体提供容量资源的方式，制定资源有效容量的评估方法。容量定价机制见表 9-3。

表 9-3　容量定价机制

类型	释义
稀缺定价	提高现货市场价格上限，允许电能量和备用短缺时出现极高短时价格尖峰，适用于高价风险承受力强的地区
容量补偿	对单位容量补偿标准和各发电机组可补偿容量核算，适用于电力市场发展初期，经济社会和金融市场欠发达地区
容量市场	以市场竞争方式形成容量价格，适用于电能量市场发展相对完善的地区
战略备用	针对老旧机组，作为容量保障机制的补充

（三）培育多元竞争经营主体

一是推动新型经营主体参与市场，鼓励储能、电动汽车、虚拟电厂等市场经营主体参与市场化交易，引导新兴主体、各类电源企业和用户建立灵活调节机制，实现多向互动。二是探索需求侧响应资源参与市场，鼓励需求侧响应资源、价格信号，挖掘用电侧调节潜力，扩大需求侧资源参与规模，探索同步参与电能量和辅助服务市场。三是鼓励新型经营主体通过聚合方式参与电力市场，推动新型经营主体以报量报价或报量不报价等灵活方式参与电力现货市场，探索电力现货市场出清节点向更低电压等级延伸。四是完善分布式新能源市场参与机制，建立分布式新能源市场准入标准、交易方式和结算机制，创新分布式交易运营模式，探索合作、独立、电力中长期交易（Power Purchase Agreement，PPA）等多种互动交易，建立与大网衔接的体制机制，推动完善新能源微电网、局域网、存量小电网、增量配电网的交易、结算以及辅助服务分摊费用机制。

（四）健全电价监管体系

一是完善输配电价形成机制，完善各层级电网成本监审和输配电价定价制度，构建统一输电价格，促进省区交易公平开展，核定独立配电价格，推动分布式发电市场化交易。二是进一步理顺电价机制，推动完善现货分时电价，建立尖峰电价机制，引导电力用户削峰填谷，促进新能源消纳，推动储能发展。

五、不断深化燃料市场改革

（一）以统一大市场为目标持续健全煤炭市场体系

经过多年的发展，特别是2013年国家取消煤电价格双轨制以来，我国煤炭市场发展取得了长足的进步。然而，从中长期看碳达峰碳中和下我国煤炭需求整体呈减少趋势，从近中期看全国统一大市场建设也对煤炭市场发展提出了新的要求。下一步，要从市场体系、市场规则、市场价格、市场监管等方面进一步强化煤炭市场建设。

一是完善多层次煤炭市场体系，持续扩大煤炭资源的市场化配置范围。以全国性煤炭交易中心为关键，加强区域性煤炭交易市场的整体布局，明确各种类、各层次市场的功能定位。将煤炭储备纳入煤炭市场整体布局，结合市场形势及时优化储备规模，建立生产集散地、消费集中地、运输节点和接驳港口相结合的一体化储备系统。推动与煤炭市场密切相关的技术、数据等要素市场建设，促进要素资源的高效配置和精准化配置。

二是加快完善市场制度规则，着力打破各类有形和无形壁垒。出于保护当地利益需求，一些地区对本地企业实施了保护性政策、倾斜性政策，而对外来企业则设置了种种门槛。随着全国统一大市场建设的提出，这种门槛逐渐转变为隐形政策，门槛识别更加困难。要坚决落实《全国统一大市场建设指引》的相关要求，持续打破区域壁垒，从基础制度规则、设施标准联通、交易平台规则等方面加快完善煤炭市场制度规则体系，健全煤炭市场信息发布机制，积极促进市场信息交互，促进多层次煤炭市场协调运行。

三是持续优化煤炭价格形成机制，促进煤炭价格更好反映市场供需。持续规范“长协煤价+市场煤价”的煤炭价格机制，加快制定具有法律约束力的标准化长协合同，着手建立“基准价+自动调整”的长协基准价格，深入推进信用体系建设促进长协合同履约。加快打造开放、共享、高效的煤炭交易数据平台，促进企业更多通过交易平台开展询价、竞价和交易，有效扩充煤炭价格指数的编制范围，不断提升时效性，持续扩大煤炭价格指数的影响力。适时恢复动力煤期货，结合我国煤炭资源特点和需求情况扩张煤炭期货品种。深入研究国有企业参与期货市场的体制机制障碍，深入开展面向央企、国企的培训工作，引导供需双方更好利用期货市场发现价格、管理风险。

四是加强煤炭市场监管，促进煤炭产业健康发展。充分利用数字化技术，建立国家层面煤炭市场信息平台，加强对煤炭生产、运销、储存、需求等全链条的动态跟踪监测。深入研究煤炭供需峰谷波动规律，利用大数据、人工智能等先进技术开发市场预测模型，及时发布市场风险预警。结合碳达峰碳中和的政策实施情况，持续加强煤炭领域相关政策与产业政策、区域政策、财政政策、价格政策等宏观政策衔接，持续增强宏观政策取向一致性。

（二）以公平准入为重点深化油气市场改革

近年来，我国在转变油气行业政府职能、加强油气市场体系建设、推进油气价格改革方面取得了积极进展。然而，面对碳达峰碳中和战略目标，特别是建设新型能源体系的要求，油气的战略地位正在发生新的变化，油气市场化改革亟须深入推进。

一是加快构建“X+1+X”油气市场格局。完善并有序放开油气勘查开采体制，确保有条件、有能力、有意愿的投资者能够有机会从事矿业活动。尽快取消油气对外合作专营权，积极开放全国的油气技术服务市场。实行油气勘查区块竞争出让制度，尽快停止油气矿业权协议出让的方式。实行更加严格的油气区块退出机制，规范油气矿业权流转。以提高管网运行效率为目标建立健全管容交易市场，推进管容交易二级市场建设，完善竞价交易、平衡管理等市场化管容分配机制。深入推进油气产供储销体系建设，不断延伸拓展产业链条，积极探索油气清洁高效利用新路径。

二是稳步推动“管住中间、放开两头”的油气价格机制。逐步实现石油价格完全由市场决定。逐步完善石油流通体制，加快理顺原油和成品油在进口、批发、零售等各环节的关系，稳步形成市场化的成品油定价机制。加强油气运输成本监审，动态调整定价参数，形成有利于资源自由流动和上下游市场竞争的油气输运价格。着力推动气源和终端环节价格全面放开，加快完善天然气门站价格形成和动态调整机制，建立健全天然气上下游价格联动机制。

三是建立健全油气勘查开采监管机制。加强油气开发利用的全过程监管，进一步严格油气质量标准和输送、储气设施安全标准。建立油气勘查开发的新型政府监管体系。规范政府管理，改进对油气市场的监测预警、总量平衡和运行调节，建立国内油气市场应急响应机制和油气进出口企业协调合作机制，保障国家油气供应安全和市场稳定。以完善监管标准、监管规则和监管程序为重点健全监管机制，加强对市场准入、交易行为、垄断环节、税收缴纳、环保安全等重点环节的监管。转变监管方式，推进行业信用体系建设，建立以诚信为核心的油气监管体制，进一步构建法律约束、行政监督、行业规范、公众参与和企业诚信自律有机结合的监管新格局。

四是持续深化国有油气企业改革。完善国有油气企业法人治理结构，建立权责对等的董事会监督机制。鼓励具备条件的油气企业开展股权多元化和多种形式的混合所有制，尽快建立起符合现代企业制度的法人治理结构。推进国有油气企业专业化重组整合。推动国有油气企业压缩管理层级，压减法人层级，将投资权回收到管理层级三级以上，加大公司内部制度的改革力度，着力解决和消化国企冗员的问题。

六、加强能源市场与资源环境要素市场协调

（一）稳步推进全国碳排放权交易市场建设

当前，全国碳市场建设受到广泛关注，碳市场在实现碳达峰碳中和中的作用也正在逐步凸显。下一步，要按照统筹发展、降碳、安全的总体思路，结合国内外形势变化稳步推进全国碳市场建设。

一是持续提升碳排放数据质量。第一，以七大行业为重点，制定并持续完善统一规范的碳排放核算方法。第二，持续加强碳排放监测报告核查制度体系建设。在法律法规中明确 MRV 和不同主体的职责定位。发布符

合国情的方法指南和规范文件，基于我国电力、钢铁、水泥等不同行业、不同企业的生产特征，明确提出第三方核查需要关注的重点工序、重点排放源。第三，大幅加强对碳排放数据质量的监管。运用环境督察等制度，加强对数据造假等行为的监管。运用法律制度，将碳排放数据造假行为纳入刑事制裁范畴。充分运用“国家—省—市”碳排放数据质量三级联审机制，加强对数据质量的日常监管，建立健全温室气体排放数据日常监管和技术审核制度，明确技术审核标准和程序。第四，充分利用先进技术改善碳排放数据质量。积极推动碳排放连续监测技术在重点行业的试点示范和应用推广。探索应用能源环境大数据技术、天地空一体化观测技术，加强与碳排放核算数据的相互校核。推广应用区块链、物联网等信息技术，加强对碳排放数据质量的全流程监管。

二是稳步推动碳市场扩容。综合考虑对碳达峰贡献程度、碳排放数据质量、产业链供应链安全和初级产品保供、应对 CBAM 等跨国碳定价、减污降碳协同潜力等因素，在做好综合影响评估的基础上，妥善处理钢铁、有色、建材等行业纳入碳市场问题，避免碳减排对经济发展和行业竞争力造成过大冲击。建议优先纳入碳达峰后下降趋势较快、产能过剩相对严重、数据质量基础较好的水泥、钢铁、电解铝等行业，到 2030 年前逐步将其余行业纳入碳市场。

三是探索符合行业实际的碳排放初始分配方式。建议以强度法为基础，综合考虑行业特征设计产品强度或产值强度。在行业分类上，对电力行业建议分为 100 万千瓦级、30 万～100 万千瓦级（不含）、30 万千瓦级以下、非常规燃煤机组、燃气机组等五类；对产能相对过剩、产品数量较少的水泥、电解铝、航空等行业，结合“一种产品、一条基准线”的同质性原则设计较少数量的基准线；对钢铁等流程较长的行业可按照主要工序设定基准线；对产品结构相对复杂的化工等行业可结合产值强度法设计基准线。

四是完善市场交易制度。建立健全市场储备、回购、跨期存储等制度。支持碳排放权出让、转让、抵押、入股等市场交易行为。在防范金融风险的前提下，适时引入金融机构、中介公司、个人等市场主体，逐步丰富交易品种和交易方式。探索实行碳排放配额价格预期管理。加强市场监管，探索将金融监管规则引入碳市场。建立健全市场信息披露制度，明确披露范围、流程、时间。

（二）加强绿电绿证市场建设

一是尽快建立基于全国统一绿证体系的绿电消费认证、公示制度和标识体系。认证方面，国家有关部门授权一家或数家第三方机构（非交易平台所属机构）开展绿证和绿电消费认证工作，加强认证监管和国际互认机制建设，保障绿证环境效益主张的合法性。认证制度建立后，在绿色工厂、绿色矿山、绿色数据中心等评价以及绿色产品认证方面，就可以将绿证代表的绿色电力和环境效益在评价认证体系中予以计入，从而激励企业积极购买和消费绿电。在建立和完善绿证认证制度的同时，建立适用于绿电的绿色产品标识和公示制度。

二是明确可再生能源发展与电力市场建设的定位，理顺绿电和绿证二者之间的关系。《关于加快建设全国统一电力市场体系的指导意见》（发改体改〔2022〕118号）明确要“提升电力市场对高比例新能源的适应性，完善适应高比例新能源的市场机制，有序推动新能源参与电力市场交易，建立与新能源特性相适应的中长期电力交易机制，引导新能源签订较长期限的中长期合同，鼓励新能源报量报价参与现货市场，对报价未中标电量不纳入弃风弃光电量考核，在现货市场内推动调峰服务，新能源比例较高的地区可探索引入爬坡等新型辅助服务”。因此，我国电力市场机制的设计和完善，需要主动适应风、光等波动性可再生能源占比不断提升的需求，相互关系要明确并要切实依此实施。例如绿电和绿证之间的关系、推动跨省跨区绿电交易、绿证交易也需考虑不同需求予以细化。

（三）促进电力市场、绿证市场、碳市场协调

一是推动碳市场、电力市场协同建设。通过碳市场和电力市场的共同调节，一方面促进电力供需平衡，保障电力安全稳定供应；另一方面促进能源电力系统绿色低碳转型，进而利用市场机制优化资源配置，实现“双碳”目标。结合碳市场和电力市场建设进程，全面加强两个市场在政策耦

合、市场空间、价格机制、绿色认证、数据信息共享等方面的衔接协同。重点加强碳市场和绿证市场、绿电交易等的衔接，避免重复激励和重复考核。推进绿电消费证明与碳市场的贯通。例如，对于纳入碳市场的控排企业，优化外购电力碳排放核算方法，根据绿电消费证明，计算出反映绿色电力消费所占比例的精细化排放因子，实现绿色电力环境属性和碳减排价值的统一。

二是加强碳价到能源价格乃至其他价格的传导。由于碳市场与能源电力市场、环境权益市场建设进度不同，市场目标、交易标的、规则流程、交易方式均存在较大差异，不同市场之间的规则、数据接口衔接不畅，市场价格传导不畅，影响了碳价信号发挥作用。要深入推进能源市场化改革，把握好改革的时机、力度，逐步形成能源品种之间、上中下游市场和行业之间价格机制的有效衔接，建立传导顺畅的市场化价格形成机制。以电碳市场链接为重点，健全碳价和电价的传导机制。同时，丰富碳成本多元化疏导机制，考虑建立相应补偿配套机制，避免碳成本过度推升电价。例如，在电力辅助服务市场中，考虑火电由于灵活性提升导致的碳排放成本增加，在辅助服务市场建设及定价时应当给予疏导。

参考文献

[1] Xavier Garcia Casals，Emaulele Bianco. Potential Limitations of Marginal Pricing for a Power System based on Renewables [R]. Technical Paper 3/，IRENA，2022.

[2]段言志，郭焦锋，许书平．油气体制机制改革十周年：成效与展望[J]．中国石油勘探，2024，29(5)：12-20.

[3]冯来法．持续改革电价形成机制　助力经济社会高质量发展[N]．国家电网报，2018-12-07.

[4]高俊莲，张佳琪，张博．构建全国统一煤炭大市场的思考与对策[J]．煤炭经济研究，2023，43(7)：4-10.

[5]国家能源局．全国统一电力市场发展规划蓝皮书[R]．2024.

[6]国家统计局．中国统计年鉴 2024[M]．北京：中国统计出版社，2024.

[7]国务院．国务院关于促进煤炭工业健康发展的若干意见[Z]．中华人民共和国国务院公报，2005(22)：8-13.

[8]国务院．国务院关于印发电力体制改革方案的通知[A]．2002.

[9]国务院办公厅．国务院办公厅关于深化电煤市场化改革的指导意见[A]．2013.

[10]刘志成．要素市场化配置的主要障碍与改革对策[J]．经济纵横，2019(3)：93-101.

[11]秦容军，高辉娜．我国煤炭价格机制改革研究[J]．煤炭经济研究，2024，44(8)：81-86.

[12]任洪涛．我国油气勘查开采体制的市场化改革研究[J]．中国海洋大学学报(社会科学版)，2023(1)：70-80.

[13]生态环境部．全国碳市场发展报告(2024)[R]．2024.

[14]石旻，张大永，马奈木俊介．面向能源安全的我国油气行业市场化改革：挑战、策略与展望[J]．世界社会科学，2024(4)：137-158，245-246.

[15]谢龙．我国成品油定价机制的演变[N]．期货日报，2014-05-20.

[16]张大永．深化我国油气市场体制机制改革的策略分析[J]．环境经济研究，2022，7(3)：167-174.

[17]中共中央，国务院．中共中央　国务院关于进一步深化电力体制改革的若干意见(中发〔2015〕9 号)[A]．2015.

第十章

构建新型能源治理机制

内容摘要：新型能源治理机制是新型能源体系的必要组成部分，致力于更好发挥政府作用、保障新型能源体系建设。应坚持有效市场和有为政府相结合，完善能源法律法规及相关领域制度衔接，建立适应新型能源体系建设的能源科学管理框架和模式，构建有利于新型能源体系建设和多能协同互济的新型能源监管方式和协同监管机制，探索国资国企改革与能源市场化改革协同优化模式与路径，进一步提高能源公共服务和普遍服务水平，持续完善绿色低碳发展经济政策。

一、能源治理与新型能源体系的逻辑关系

（一）能源治理的概念内涵和理论基础

1. 能源治理的概念内涵

“治理”在《现代汉语词典》中的含义是“统治；管理”，一般指政府的行为方式以及通过某些途径用以调节政府行为的机制。在社会科学特别是公共管理学研究领域，“治理”是20世纪90年代在全球范围兴起的新的分析范式，是一种“政府—市场—社会”三维视角下的多元协同管理，是政府、企业、社会组织等多元参与、多中心决策、良性互动的协同管理。治理的内容是特定事务的长期管理，是由共同目标支持的管理，是多中心的协同管理。治理的形态包括制度供给、政策激励、外部约束等。治理具有灵活性、创新性、开放性及多样性。

在能源领域，“能源治理”的概念也日渐兴起，与“治理”“全球能源治理”等概念密切相关。区别于传统的政府能源管理，能源治理一方面具有治理的共性特征，针对能源领域长期、特定能源事务，致力于特定的能源发展目标，由政府、市场、社会多方面发挥协同管理作用；另一方面具有特定地域、特定阶段的能源发展个性特征，如总体目标是保障能源供应充足、促进能源消费清洁高效、维持能源市场和价格平稳、维护国家能源安全等。政府的能源管理是能源治理的主要组成部分，此外，能源监管、公共服务等也是能源治理的重要内容。

从我国能源治理的实践来看，自改革开放以来，随着能源事业的发展，我国能源治理的内涵和组成日渐丰富，适应中国特色社会主义市场经济要求的能源治理方式改革进程加速，从政府管理、市场秩序、社会治理

等方面综合推进，战略、规划、政策、标准、监管、服务等多方面的能源治理机制陆续建立。其中，战略、规划和政策引导等职能主要由国家发展改革委、国家能源局、工信部、科技部等部门承担；能源监管职能主要由国家发展改革委、国家能源局、市场监管总局等部门承担；公共服务职能主要由国家发展改革委、国家能源局、工信部、科技部、标委会等部门承担。此外，行业协会、社会组织，如中国电力企业联合会、煤炭工业协会、标准化协会等也承担着一些能源治理的职能。

2. 能源治理的理论基础

从经济学理论看，能源治理是在传统的“政府—市场”二分法基础上发展起来的“政府—市场—社会”多方协同管理。能源治理主要是发挥政府作用，解决能源领域存在的各类型市场失灵问题，主要理论基础包括竞争理论、自然垄断理论、外部性理论、公共性与公益性理论、信息不对称理论、激励理论等。能源治理主要涉及能源体系中以下六个方面的理论问题，以及相关的实践问题。

一是不完全竞争。能源行业由于资源密集、资本密集、技术密集等特点，市场集中度一直偏高。以石油市场为例，全球石油市场长期被国际石油巨头完全垄断、垄断或卡特尔控制，国际原油的生产供应也主要来自石油输出国组织和非石油输出国组织产油国，下游运输、炼制、分配、成品油销售等经营活动也被大型石油公司主导。我国石油市场也有相似的特征，以“三桶油”为代表的大型石油公司占较大市场份额。能源治理需要针对能源市场中存在的不完全竞争甚至高度垄断问题，提出相应对策来促进竞争，使经营主体能够公平公正地充分竞争，提高市场的有效性并改进社会福利。

二是自然垄断。由于能源的技术物理特性和能源输送至终端使用的需要，石油、天然气等一次能源的输送主要通过管道，电力等二次能源的输送主要通过电网。油气管网和电网具有自然垄断属性，存在着资源稀缺性和规模经济效益、范围经济效益。自然垄断环节的市场监管是管制经济学的重要议题，所以油气管网、电网以及未来的输氢管道等自然垄断环节的监管，是能源治理的重要内容。

三是外部性。能源与资源节约、环境治理、生态保护等密切相关。化石能源资源本身具可耗竭性，其开发利用需要考虑代际公平和资源可持续；同时，对能源的开发利用是温室气体和污染物排放的重要来源之一。所以，能源生产利用的负外部性是市场失灵的突出表现，也是能源治理的重中之重。

四是公共产品。在能源领域，虽然能源市场能够使煤电油气等能源商品的价值得以体现并可交易，但有些能源产品除具体商品属性之外，还具有非竞争性和非排他性，即具有公共产品属性并易产生“搭便车”问题。例如，能源安全对一个国家和社会公众都具有重要意义，但是，与能源安全相关因素很多都具有公共产品属性，如战略石油储备等能源储备、电力系统灵活性资源、能源供应端闲置生产能力、运输通道安全等都是典型的公共产品；此外，还有一些准公共产品。公共产品的提供和成本疏导是能源治理必须解决的问题。

五是信息不对称和不完全信息。不完全信息导致的市场失灵是信息经济学中的重要问题。在能源领域，无论是竞争性环节市场供求基本面数据不足、监管不完善、价格信号失真等问题，还是自然垄断环节的成本核算问题，抑或是能源市场中的商品质量如成品油、商品煤质量等问题，都存在着信息不对称，这也是能源治理需要考虑的问题。

六是普遍服务和公共服务。普遍服务是经济社会发展到一定阶段后，政府从维护公平、保障公民基本权益角度需要行使的政府公共职能；而公共服务同样是政府治理的主要职责之一，如经济调节、市场监管、社会管理、基础服务等。能源普遍服务的实现，需要通过制定与实施相关政策，促使经营主体对消费者提供具有可及性、可负担性、非歧视性的能源产品和服务；能源公共服务则需要更好地提供能源市场运行调节、市场秩序维护、相关社会服务，以及标准、规范、计量、统计等基础能力建设。普遍服务和公共服务都具有普惠性和公益性，都是能源治理的必要职能。

（二）能源治理与新型能源体系的逻辑关系

党的二十大报告提出“加快规划建设新型能源体系”。构建新型能源治理机制，是加快规划建设新型能源体系的重要制度机制保障，是推进国家治理体系和治理能力现代化的重要维度，也是能源领域有效市场和有为政府相结合的重要途径。新型能源体系是能源系统的全面、整体、系统变革，能源系统形态正在发生深刻改变，以适应新形势、新特征。从新型能源体系建设对新型能源治理机制的具体要求来看，能源治理在能源体系中需要解决以下几方面的问题。

一是能源生产与供应方面，以新能源为主体、各类能源优化组合的能源供给新体系正在形成。新型能源体系下，能源生产与供应的变化主要体现在生产环节中能源分品种生产结构和布局的变化，以及供应环节中输送布局、方式及终端供能形式的变化。以风电、光伏为代表的新能源占比将不断提升，而以煤炭、石油、天然气为代表的传统能源在能源体系中的定位功能将发生调整。这就要求在战略规划层面予以科学的顶层设计和系统引导，在实践落地层面予以组织实施和制度机制的保障。同时，要把握能源系统转型变革的大势，以及多能融合发展的趋势，在政策体系中更好地坚持系统观念，避免“碎片化”和能源品种的本位观念。

二是能源消费与能效方面，以电力为中心、各类终端能源互补联动的能源消费新体系正在塑造。新型能源体系下，能源消费与能效的变化主要体现在消费环节中能源分品种消费结构、能源消费效率、能源消费方式的变化。一次能源更多转化为电能利用，电能替代深入推进，电力将在工业、建筑和交通等诸多领域更高比例、更大规模地使用，成为最主要的终端能源品种；同时，电力将与油、气、热、氢等一起，多能互补、协同联动，形成终端能源消费新格局。这就要求一方面通过政策持续支持节约用能和能效水平提升，另一方面加强对消费侧新技术、新模式、新业态的引导，完善绿色价格政策和用能管理政策，并适应“双碳”工作，推进能耗双控转向碳双控。

三是能源市场与价格方面，以数字化和智能化技术为支撑、开放竞争的能源市场新体系正在构建。新型能源体系下，随着能源市场体系的建设和市场化改革的深入推进，能源领域各类企业多元化发展，独立储能、需求侧资源、分布式能源等新兴主体不断涌现；市场在资源配置中的决定性作用日益显著，通过价格等市场信号引导长期投资和短期运行；全国统一的能源市场压茬推进，提升市场运行效率和超大规模市场资源优势，使生产、分配、流通、消费各环节更加畅通。这就要求从市场制度建设着眼，进一步完善价格政策体系，加快转变政府职能，坚持放管结合、放管并重，提升政府监管效能，加快清理废除妨碍统一市场和公平竞争的各种规定和做法，促进有效市场和有为政府的结合。

四是能源产业与投资方面，以创新驱动为根本、竞争力不断提升的能源产业新体系正在形成。新型能源体系下，一方面，能源企业是能源产业的基本单元，是能源产供储运销各环节的参与主体，是建设新型能源体系的重要力量，这就要求从放宽市场准入、优化能源产业结构、支持新模式新业态发展等方面，提出激发能源企业活力的工作路径。另一方面，能源产业是现代化产业体系的重要组成，能源投资特别是能源基础设施建设是拉动内需的重要驱动，这就要求通过产业政策和投资政策加以支持和引导，构建现代化能源产业体系和能源基础设施体系。

五是能源对环境影响方面，以绿色发展为引领，协同推进降碳、减污、扩绿、增长的能源环境新体系正在融合。新型能源体系下，鉴于能源生产消费与生态环境和气候变化的密切关联，“推动绿色发展，促进人与自然和谐共生”要求立足我国能源资源禀赋，坚持先立后破，有计划、分步骤实施碳达峰行动，深入推进能源革命。这就要求能源治理必须与生态文明体制改革协同，与生态保护、环境治理衔接，以系统观念，构建产权清晰、多元参与、激励约束并重、系统完整的制度体系。

六是能源及相关安全方面，以增强产业链供应链韧性为核心、统筹国内国际双循环的能源安全新体系正在构建。新型能源体系下，能源安全的内涵不断丰富和拓展，一方面，以油气供应安全为代表的传统能源安全仍然重要；另一方面，新能源关键矿物供应安全、电力及天然气运行安全、产业链供应链安全、极端天气事件风险防范等都需高度重视。这就要求必须把构建综合性、多层次、多维度的能源安全保障体系放在更加突出的位置。

二、我国能源治理机制发展现状

党的十八大以来，以习近平同志为核心的党中央作出了推进国家治理体系和治理能力现代化的战略抉择，这是全面深化改革的重要任务。在这一背景下，我国能源治理也不断推进，能源领域法律法规逐渐丰富，能源战略规划和政策陆续出台，能源监管体系逐渐形成，能源领域国资国企改革稳步推进，能源普遍服务和公共服务水平明显提升，“覆盖战略、规划、政策、标准、监管、服务的能源治理机制基本形成”。

（一）能源领域法律法规逐渐丰富

改革开放以来，我国能源立法取得很大进展，目前已经形成具有清晰架构和多元组成的能源法律体系。从法律渊源角度，我国能源法律体系主要由《中华人民共和国宪法》中的能源相关条款、能源法律、能源行政法规、地方性能源法规和能源行政规章、能源相关司法解释以及我国缔结或者参加的能源国际条约等构成。

具体来看，表 10-1 梳理了我国现行主要的能源法律和行政法规。我国能源法律由能源基本法和能源单行法子体系组成。其中，2024 年 11 月 8 日，十四届全国人大常委会第十二次会议表决通过并于 2025 年 1 月 1 日实施的《中华人民共和国能源法》是能源领域的基础性和综合性法律。在能源单行法子体系方面，我国相继颁布实施了《中华人民共和国煤炭法》《中华人民共和国电力法》《中华人民共和国节约能源法》《中华人民共和国可再生能源法》等多部能源单行法律以及配套法规，能源法律体系的框架初步形成。

表 10-1　我国能源主要法律法规梳理

领域	法律法规名称
能源法	中华人民共和国能源法
自然资源法律	中华人民共和国矿产资源法（2009 修正） 中华人民共和国矿产资源法实施细则

续表

领域	法律法规名称
煤炭法律法规	中华人民共和国煤炭法（2016 修正） 中华人民共和国矿山安全法（2009 修正） 中华人民共和国矿山安全法实施条例 煤矿安全监察条例（2013 修订）
电力法律法规	中华人民共和国电力法（2018 修正） 电力供应与使用条例（2019 修订） 电力安全事故应急处置和调查处理条例 电力设施保护条例（2011 修订） 电力监管条例 电网调度管理条例（2011 修订）
油气法律法规	中华人民共和国石油天然气管道保护法 中华人民共和国对外合作开采陆上石油资源条例（2013 修订） 中华人民共和国对外合作开采海洋石油资源条例（2013 修订） 中华人民共和国海洋石油勘探开发环境保护管理条例 石油地震勘探损害补偿规定 天然气基础设施建设与运营管理办法
核电法律法规	中华人民共和国核安全法 核电厂核事故应急管理条例（2011 修订） 中华人民共和国核出口管制条例（2006 修订） 中华人民共和国核两用品及相关技术出口管制条例（2007 修订） 民用核安全设备监督管理条例（2019 修订） 中华人民共和国核材料管制条例
节能法律法规	中华人民共和国节约能源法（2018 修正）
可再生能源法律法规	中华人民共和国可再生能源法（2009 修正）
环境保护法律法规	中华人民共和国环境保护法（2014 修订） 中华人民共和国海洋环境保护法（2017 修正） 中华人民共和国固体废物污染环境防治法（2020 修订） 中华人民共和国大气污染防治法（2018 修正） 中华人民共和国土壤污染防治法 中华人民共和国水污染防治法（2017 修正） 中华人民共和国放射性污染防治法 全国污染源普查条例（2019 修订） 中华人民共和国环境影响评价法（2018 修正）

资料来源：课题组根据北大法宝、国家能源局网站资料等查询整理

（二）战略规划政策陆续出台

习近平总书记指出："用五年规划引领经济社会发展，是我们党治国理政的一个重要方式。"新中国成立以来，从"一五"计划到"十四五"

规划，在推进经济社会发展中发挥了重要作用。在能源领域，能源战略规划也是能源治理的重要组成部分，特别是近年来随着“双碳”“1+N”政策体系的不断出台，能源政策与碳达峰碳中和政策协同推进能源高质量发展。能源战略规划同样也会对能源治理机制的完善做出部署。以近年来代表性政策为例：

2016 年 12 月，《能源生产和消费革命战略（2016—2030）》提出“推动能源体制革命，促进治理体系现代化”，并以“创建能源科学管理模式”和“建立健全能源法治体系”两方面为重点，提出具体的举措。

2021 年 10 月，国家发展改革委等多部门通过的《“十四五”可再生能源发展规划》，围绕“健全体制机制，市场化发展可再生能源”，提出了健全可再生能源电力消纳保障机制、完善可再生能源市场化发展机制、建立健全绿色能源消费机制等改革举措，该规划针对可再生能源发展面临的痛点、难点、堵点问题，从体制机制方面提出了非常细化的改革措施。

2022 年 1 月，国家发展改革委、国家能源局印发《“十四五”现代能源体系规划》，展望提出 2035 年能源高质量发展取得决定性进展，基本建成现代能源体系的目标，并围绕“增强能源治理效能”，从激发市场活力、建设现代能源市场、加强能源治理制度建设等三个方面，提出深化能源体制机制改革的主要措施。

此外，《2022 年能源工作指导意见》《2022 年能源监管工作要点》等政策则提出了 2022 年能源发展改革工作和能源监管工作的要点。

（三）能源监管体系逐渐形成

近年来，我国能源市场监管的机构设置、职能配置不断优化，内容不断丰富，方式方法不断创新，监管取得一定成效。

能源监管职责体系不断调整。经历多轮机构改革和职能转变，我国能源市场监管的职责体系不断调整。目前国家市场监督管理总局负责市场综合监督管理，并成立了碳达峰碳中和工作领导小组，以更好发挥计量、标准、认证认可、价监竞争等监管职能。国家能源局内设市场监管司等机构，承担行业监管职责，呈“政监合一”特点。此外，国家发展改革委等部门也承担了一些监管职能。我国相关部门的主要监管职能见表 10–2。

表 10–2　我国相关部门的主要监管职能

<table>
<tr><th colspan="2">部门</th><th>监管职能</th></tr>
<tr><td colspan="2">国家市场监督管理总局</td><td>整合流通领域的工商监管、生产领域的质量监管、价格监督检查、知识产权保护、反垄断等</td></tr>
<tr><td rowspan="3">国家能源局</td><td>市场监管司</td><td>电力市场规划运行和秩序、输电供电和非竞争性发电业务、油气管网设施公平开放监管等</td></tr>
<tr><td>电力安全监管司</td><td>电力安全生产监管</td></tr>
<tr><td>区域监管局和省级监管办公室</td><td>派驻地方监管</td></tr>
<tr><td colspan="2">国家发展改革委</td><td>综合协调和经济运行调节</td></tr>
<tr><td colspan="2">自然资源部</td><td>自然资源开发利用和保护监管</td></tr>
<tr><td colspan="2">生态环境部</td><td>生态和各类污染排放监管</td></tr>
<tr><td colspan="2">应急管理部</td><td>安全生产监管</td></tr>
</table>

资料来源：课题组整理

能源监管内容不断丰富。广义的能源市场监管包括一般性监管和行业性监管，而一般性监管又包括经济性监管、社会性监管和反垄断监管。经济性监管方面，市场准入监管“全国一张清单”模式得以巩固，明确了禁止准入类和许可准入类事项，如未获得许可不得投资建设特定能源项目。标准和质量监管逐渐强化，能源领域新型标准体系加快建设，对能源装备、产品、服务的质量管理日益全面。政府定价和价格监督检查日益规范，按照“管住中间、放开两头”原则，自然垄断环节如电网、油气管网的输配价格核定和成本监审不断优化。能源信用监管取得阶段性进展，实施意见和管理办法相继出台，信用数据、行为、应用“三清单”制订印发，电力、煤炭等领域信用评价规范陆续落地。社会性监管方面，安全监管不断加强，电力安全监管、油气输送管道安全监管、煤矿安全监管等体系不断完善；生态环境保护监管执法显著强化，电力、石化、焦化等行业企业纳入重点监管范围。反垄断监管也呈加强趋势，成品油和发电企业相继出现“反垄断第一案”，天然气和电网企业被列为公用事业反垄断执法重点。行业性监管方面，监管职能由相关行业主管部门承担，监管内容随能源发展逐年调整。国家能源局 2013 年以来每年公布监管工作要点，涵盖能源领域市场建设、价格改革、市场秩序监管、重要领域和关键环节监管、专项监管、监管能力建设等多方面。如2021年任务清单中，综合监管包括提升“获得电力”服务水平、清洁能源消纳的监管；专项监管针对“十四五”能源规划落实、北方地区清洁取暖、电力中长期交易市场秩序等10方面；重点监管针对电力市场价格成本与信息披露等5方面。

能源监管方式不断优化。在市场监管改革创新背景下，我国能源市场监管方式的规范化、创新性、信息化明显提升。规范化方面，国家推进简政放权，要求各部门编制监管事项目录清单，梳理明确监管部门、事项、对象、设定依据、流程等，促进了能源市场监管的标准化和规范化。创新性方面，推行“双随机、一公开”监管、重点监管、信用监管等监管方式，如建设能源行业信用信息平台和“信用能源”网站来完善能源信用监管。信息化方面，应用大数据、物联网、人工智能等新技术推进能源监管信息化建设，如参与构建“互联网+监管”系统，实现精准和联合监管。

（四）能源领域国资国企改革稳步推进

习近平总书记指出，国有企业特别是中央管理企业，在关系国家安全和国民经济命脉的主要行业和关键领域占据支配地位，是国民经济的重要支柱，在我们党执政和我国社会主义国家政权的经济基础中也是起支柱作用的。在能源领域，国有企业在推进能源事业发展、建成较为完备的能源工业体系中发挥了重要作用。然而，在计划经济时期，我国能源国企主要是一个计划执行单位，管理体制和经营机制按照计划经济要求建立。所以，深化能源领域国资国企改革，是社会主义市场经济体制下对能源国企发展的新要求。

党的十八大以来，面对国有企业自身发展新旧问题交织和国际竞争日趋激烈的形势，我国稳步推进和不断深化国资国企改革，通过完善国有企业治理结构、提升国有企业国际综合竞争能力等，致力于推进国有企业做大做强做优。2013年，党的十八届三中全会的《中共中央关于全面深化改革若干重大问题的决定》明确提出了“完善国有资产管理体制，支持有条件的国有企业改组为国有资本投资公司，推动国有企业完善现代企业制度，准确界定不同国有企业功能，健全协调运转、有效制衡的公司法人治理结构”等重要改革事项。2015 年，《关于深化国有企业改革的指导意见》进一步明确了新时代全面深化国有企业改革的重点内容，并出台了一系列更为详细的改革细则和配套政策，包括：①分类推进国有企业改革（《关于国有企业功能界定与分类的指导意见》）；②完善现代企业制度（《国务院关于改革国有企业工资决定机制的意见》《国务院办公厅关于进一步完善国有企业法人治理结构的指导意见》）；③完善国有资产管理体制（《上市公司国有股权监督管理办法》）；④发展混合所有制经济（《关于国有企业发展混合所有制经济的意见》）；⑤强化监督防止国有资产流失（《关于加强和改进企业国有资产监督防止国有资产流失的意见》）；⑥加强和改进党对国有企业的领导（《关于在深化国有企业改革中坚持党的领导加强党的建设的若干意见》）；⑦为国有企业改革创造良好环境条件等。

在国企改革的政策引导下，近年来我国能源领域的国资国企改革稳步推进，根据《国企改革三年行动方案（2020—2022 年）》的具体部署，在强治理、增活力、优布局、促创新等方面，取得了明显成效。能源国企逐步构建起中国特色现代企业制度，在能源关键核心技术创新、高端人才引进、科研成果转化等方面效果明显，在提升能源产业链供应链水平上发挥了引领作用，在提供公共服务、应急能力建设和公益性等领域发挥了重要作用，在维护国家安全和国民经济命脉的重要行业和关键领域发挥了基础性作用。例如，中国石油全面实施经理层成员任期制和契约化管理，实施组织体系优化提升专项工程，组建油气和新能源、炼化销售和新材料、支持和服务、资本和金融四大业务板块（子集团）并有效运行，相继组建新能源、新材料、装备制造等事业部，海外业务管理体制改革调整到位，聚焦主责主业，加快建设世界一流企业。

（五）能源普遍服务和公共服务水平明显提升

党的十八大以来，我国能源普遍服务水平在政策层面受重视程度显著提升。2013 年，国家能源局制定了《全面解决无电人口用电问题 3 年行动计划（2013—2015 年）》，提出了“到 2015 年底全部解决最后 273 万无电人口用电问题”的目标，包括电网延伸和光伏独立供电两种解决方式。2016 年，国务院办公厅转发国家发展改革委《关于“十三五”期间实施新一轮农村电网改造升级工程意见》（国办发〔2016〕9 号），提出加快新型小城镇、中心村及贫困地区农网改造升级、加快推进农村机井通电等要求，开启新一轮农网改造升级工程。光伏扶贫也为精准脱贫提供了新途径，2014 年，国务院扶贫办和国家能源局正式启动了光伏扶贫试点工作，随着《关于实施光伏发电扶贫工作的意见》（发改能源〔2016〕621 号）的印发，光伏扶贫开始进入全面推广阶段。2018 年，中共中央、国务院印发《关于打赢脱贫攻坚战三年行动的指导意见》，提出推进“三区三州”、抵边村寨农网改造升级、实施贫困村通动力电等要求。

能源普遍服务在实践层面也取得明显成效。我国于 2015 年全面解决无电人口用电问题，走在全球发展中国家前列；开展了多项能源惠民利民工程，取得了突出成效。具体表现为：一是新一轮农网改造升级工程稳步实施，如农村用户“低电压”综合治理、贫困村通动力电或实施动力电改造等。2017 年，青海、四川、甘肃、云南四省藏区大电网覆盖率提升至 96.2%。2020 年如期全面完成“三区三州”、抵边村寨农网改造升级任务。二是居民用能基础设施逐步完善。针对大气污染治理问题，在居民采暖、生产制造领域，通过推广或试点电采暖、工业电锅炉等方式，实施电能替代散烧煤和燃油；全面实施配电网建设改造，全年变（配）电容量、线路长度均稳步增长；电动汽车充电基础设施建设加快推进。三是光伏扶贫工程积极实施。2016 年，关于实施光伏发电扶贫工作的意见出台，下达了第一批光伏扶贫项目建设计划，全面推进光伏扶贫工作。四是行业监督服务水平提升。针对弃风弃光、成品油质量升级等问题实施专项监管，着力解决人民群众在用能过程中遇到的突出问题。经过多年的发展，我国油气管道、输电线路等基础设施建设成效显著，能源公共服务水平显著提高，实现基本用能服务便利化，城乡居民人均生活用电水平差距显著缩小。

能源公共服务的范围不断拓展，对能源发展的支撑保障水平明显提升。例如，能源标准体系建设方面，从 20 世纪 80 年代能源管理标准化工作开始以来，我国逐步制定和实施了一大批能源标准，初步建立起能源标准体系，以节能标准为例，包含综合、基础类标准，终端用能产品能效标准，工业节能标准，建筑节能标准，交通运输节能标准，农业节能标准等。能源监测预测预警方面，风电、光伏、煤电等监测预警机制均已建立，并构建了相应的监测预警指标体系，滚动发布监测预警结果。此外，2018 年《国务院关于促进天然气协调稳定发展的若干意见》提出要建立天然气供需预测预警机制，应对可能出现的国内供需问题及进口风险。2020 年《完善生物质发电项目建设运行的实施方案》提出加强生物质发电投资监测预警。平台构建方面，建设了全国电力规划监测预警、新能源消纳监测预警等信息平台。信息发布方面，国家能源局滚动发布年度风电投资监测预警、光伏发电市场环境监测评价、年度可再生能源电力发展监测评价等，引导企业理性投资。应急保障方面，在冬季保供等特殊时期，完善日报、旬报等机制。部门协作方面，完善能源电力主管部门、监管机构与相关部门的沟通联络机制，如利用部际气象预警服务联络平台，及时获取气象灾害预警信息向能源电力行业发布。

三、当前能源治理机制存在的问题和短板

（一）能源领域法律法规制修订滞后、执法不严等问题仍然存在

我国虽然颁布了一系列能源法律法规（见图 10-1），形成了不少单项法律法规和制度规章，但是与加快规划建设新型能源体系的需求相比，目前我国能源领域法律法规存在的问题、不足，可以概括为三个主要方面。

一是能源法律法规体系不完整、不健全。各个单行法之间缺乏统一协调，具体规章制度之间衔接协同不足。从法律的具体内容和新型能源体系的内涵对照来看，“能源基本法顶层制度设计缺乏统筹性，化石能源单行法碳约束制度设计缺乏明确性，非化石能源单行法低碳激励制度设计缺乏完整性，二次能源单行法《中华人民共和国电力法》制度设计缺乏现代性”。

二是能源领域法律法规制修订滞后于能源发展改革进程。能源管理实践中一些行之有效的成熟政策没能及时上升为法律和行政法规，立法先行

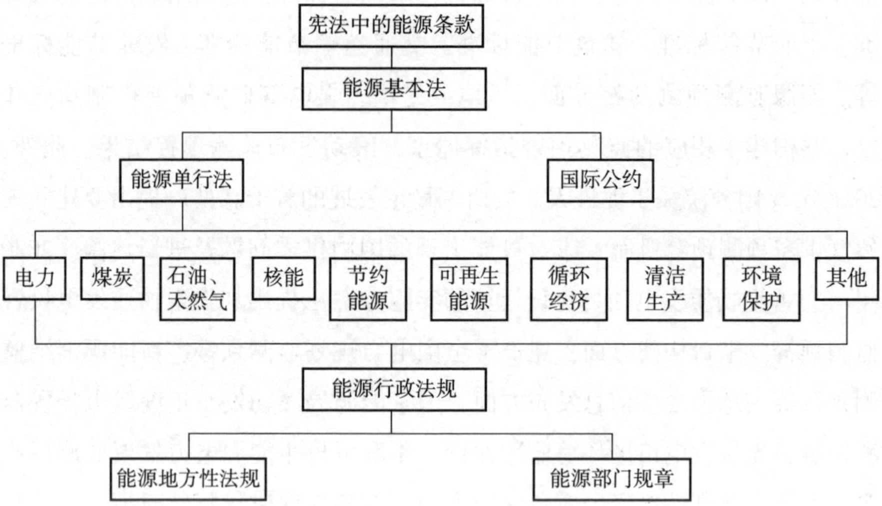

图 10-1　能源法律法规体系简图

对体制改革的驱动作用难以发挥。从具体的法律来看，为适应能源系统新形势、新特征，有的法律近年来得到了及时的修正修订，而有的法律出于种种原因，制修订明显滞后，如表 10-1 所示。例如，近几年可再生能源快速发展，不仅装机容量及电力电量在能源结构中占比显著提升，也涌现出一批新技术、新业态、新模式，而《中华人民共和国可再生能源法》的修订进度相对滞后，现行《可再生能源法》于 2005 年通过，2009 年修正，距今已经十余年。

三是能源领域执法能力建设有待进一步提升。执法的依据和权责边界需要进一步明晰，执法的规范化和软硬件条件需要进一步提高。目前，能源领域仍然存在一些执法不精准、不严格问题，“大呼隆、一阵风”“选择性执法”等现象时有发生，对于有的违法行为纠正不及时，或者处罚力度偏弱。因为信息不对称，有的违法行为较为隐匿而未被执法。此外，执法方式简单粗暴、畸轻畸重等问题仍然存在。

（二）能源规划的统筹协同仍然不足

能源规划是我国能源发展的重要引导，一般每五年会制定一次能源发展规划，以及分品种细分领域的能源发展规划。然而，能源规划存在一些问题和短板，不能很好地适应新型能源体系建设需求，主要概括为以下方面：

一是能源规划的系统协同性考虑不足，呈“碎片化”“本位化”，不适应能源系统一体化、融合化、互动化等新特征。如表 10-3 所示，在每一个五年规划期间，能源领域都会出台能源发展规划以及部分细分品种的规划。“十三五”时期，制定了电力、煤炭工业、可再生能源、石油、天然气等主要能源品种的发展规划，以及地热能、农村沼气、节能减排等规划或工作方案；“十四五”时期，制定了现代能源体系规划，可再生能源、氢能发展规划，以及节能减排工作方案。这些规划和方案都会对相应领域的发展产生重要引导，但是细分领域的规划多是从本品种、本行业的发展出发，对整个能源系统协同性的考虑不足，对不同能源品种的定位和相互关系缺乏统筹，所以能源规划体系呈现“碎片化”“本位化”特征，甚至出现数据打架、分领域加总后数据不合理等现象。

表 10-3 近十年能源发展规划梳理

规划名称	发布年份
可再生能源发展“十三五”规划	2016
电力发展“十三五”规划	2016
煤炭工业发展“十三五”规划	2016
能源发展“十三五”规划	2016
石油发展“十三五”规划	2016
天然气发展“十三五”规划	2016
地热能开发利用“十三五”规划	2017
全国农村沼气发展“十三五”规划	2017
中长期油气管网规划	2017
“十三五”节能减排综合工作方案	2017
“十四五”可再生能源发展规划	2021
“十四五”节能减排综合工作方案	2021
“十四五”现代能源体系规划	2022
氢能产业发展中长期规划（2021—2035 年）	2022

资料来源：课题组整理

二是能源规划对能源发展趋势的前瞻性把握研判和引领性作用仍有不

足。由于能源规划体系不健全不统一、规划目标与政策工具不协调、科学规划方法和工具不足等问题仍然突出，影响了国家能源战略规划导向作用的发挥和对能源发展未来趋势和情景的预判。例如，对可再生能源发展的超快增速、传统能源转型进度、消费侧电能替代和电热氢耦合新模式、电力负荷特别是尖峰负荷增速等能源系统转型变革过程中的重要转折性变化的预估预判不足，可能导致相应的配套措施如国土空间规划、各类要素保障、基础设施支撑等缺乏系统谋划和适度超前布局，影响新型能源体系建设的进程和成效。

（三）能源管理职能分散，能源监管创新和协调不足

我国能源品类齐全，生产消费规模和能源行业体量庞大，但是能源管理职能高度分散、行政级别偏低、支撑力量偏弱；能源监管的职责范围虽然不断丰富，但是监管的资源、工具、权威等都亟待提升，同时监管创新不足，分业监管方式已经不能很好适应新型能源体系建设的要求。

一方面，我国能源管理职能分散，多头执法。能源管理体制虽然历经多轮改革，但是多头分散仍是管理痼疾。目前中央层面的部委职能设置中，国家发展改革委的运行局、体改司、价格司、基础司、环资司等业务司局承担能源运行、体制改革、价格改革、中长期战略规划和基础设施建设、节能减污降碳等职能。能源局承担行业监管、能源发展战略规划和相关政策标准制定、预测预警等职能。自然资源部负责能源矿产的管理，如自然资源调查监测评价、统一确权登记、自然资源资产有偿使用等。商务部承担能源产品的流通、进出口等管理职能，如成品油流通、油气进口等。生态环境部负责能源相关生态环境问题的监督管理以及应对气候变化相关工作。工信部负责能源节约和资源综合利用、清洁生产促进政策的制定，以及能源行业的经济运行监测分析等。国资委负责能源央企国企的监督管理。此外，能源技术研发推广还涉及科技部和其他部门。国家电网、中石油、国家能源集团、国家开发银行等大型央企也承担着部分政策性职能。

新型能源体系与传统能源体系相比，综合性、系统性、互动性、融合

性等特征更趋明显，而目前能源上中下游各环节、产供储销各部分相关的管理职能分散在不同部门，管理碎片化且相互交织，职能越位、缺位、重叠等现象同时存在。“九龙治水”式的能源管理模式，不仅会带来行政成本的上升和行政效能的降低，增加沉重的部门间沟通协调成本和难度，也容易造成政策的冗余重叠和合成谬误。

另一方面，能源监管创新不足、分业监管。一是监管理念和方式仍显滞后，不利于激励能源低碳转型的技术和业态创新。在新型能源体系建设要求下，能源系统将发生深刻变革，决定了能源市场监管必须做出新的调整。能源领域涌现出一大批新技术和新业态，新能源、分布式能源、新型储能、综合能源服务等快速发展将重塑能源系统。监管理念和方式尚不能及时跟进技术和业态创新，更多是基于现有的在传统能源系统之上构建的规则体系，这可能会抑制创新。同时，新技术、新业态在发展初期规模较小、抗风险能力弱，市场规则不完善，亟待加强规范监管，及时识别风险隐患。二是监管的职责关系尚未理顺，能源规划、监管机构职能不明晰。能源系统中包括煤、电、油、气等多能源品种，目前各品种的监管主要采取“分业监管”的方式，分业监管法律法规本身也不尽完善，电力、油气、煤炭、核电等领域已有专门的监管条例或管理办法，而新能源、储能、能源市场等分业监管缺乏专门依据。并且，监管职能分散，部门间监管目标不一致、监管措施不协调时有发生。能源监管涉及多环节、多领域，组织管理、专业技术、人才队伍、执行协调等仍偏弱，存在多头执法、相互分割、标准不一等问题。而随着新型能源体系的发展，能源品种之间、供需之间、上下游环节之间的联系日益紧密，如生产侧的多能互补融合，消费侧的产消一体化，传统的煤—电联动和新兴的电—氢耦合、电—碳耦合等，“分业监管”已经不能很好适应能源融合发展新趋势。

（四）国企改革和民营经济发展壮大有待深化，反垄断与公平竞争政策成效偏弱

国有企业和民营企业的关系，一直是经济学领域的重要议题。能源行业是集中度偏高的行业，在石油石化、煤炭、电力等主要行业，国有企业

一直占据较高的市场份额和市场地位，因此，国有企业是否占据了更好的发展条件、民营中小企业是否面临着一些发展的不利因素，也是长期以来讨论的热点问题。

在新型能源体系下，能源行业的市场结构正在发生变化，国企和民企的关系也仍然存在着一些讨论。在自然垄断环节，国家电网、国家管网、南方电网等央企在具有网络外部性的环节垄断经营，然而，这些实力雄厚的央企在竞争性环节也开展经营活动，具有一定的市场优势地位，如国家电网的综合能源服务业务。在竞争性环节，如油气市场体系的上游和下游，虽然竞争程度不断提升，但是对上游油气勘探业务，“三桶油”仍然占据绝对优势，下游的零售业务也占据较高的市场份额和品牌优势。民营经济是推进中国式现代化的生力军，在新型能源体系建设的过程中有望发挥更大作用，但在能源领域，民营经济的发展环境有待进一步优化，如显性或隐性市场准入壁垒的破除、公平竞争政策制度的全面落实、各类要素保障和支持政策的加强等。

反垄断和公平竞争政策对于促进企业公平参与市场具有重要作用。自2008年《中华人民共和国反垄断法》施行以来，很多领域取得了明显成效。能源行业是垄断现象较为突出的领域，一方面由于能源行业本身资源、资本、技术密集的特征易形成垄断地位，另一方面是由于能源行业长期以来计划经济色彩相对较浓，垄断是由来已久的问题。随着能源市场化改革的推进，对反垄断和公平竞争的需求日益提升，而目前反垄断和公平竞争政策在能源领域的成效仍然偏弱，能源领域公平竞争审查制度缺失，行业壁垒、企业垄断、违法给予优惠政策或减损经营主体利益等的现象仍然存在。

具体从案例看，近些年来，能源领域已经有一些垄断行为受到了处罚。根据《中国反垄断执法年度报告（2022）》，包括燃气在内的公用事业是反垄断执法的重点领域，且反垄断监管执法力度持续加大。分行业看，在石化行业，中国石油天然气集团有限公司和中国航空油料集团有限公司的分公司、子公司曾因违反《中华人民共和国反垄断法》被处罚，但均未能按集团公司上年度销售额作为罚款计算的基数，削弱了处罚力度。在电力行业，电力行业的反垄断执法主要涉及发电企业达成的垄断协议、电网与配电等公用企业滥用市场支配地位等垄断行为。在煤炭行业，目前还没有经营者因为实施垄断协议、滥用市场支配地位被公开查处的案例，只有少数经营者集中案件涉及煤炭企业。此外，新能源汽车电池及原材料行业也是反垄断执法的重要领域，该领域市场投资并购活跃，主要涉及经营者集中案件审查。2022 年，市场监管总局共审结新能源汽车电池及原材料行业案件 37 起，交易总金额约 1530 亿元，均为无条件批准；审结案件主要涉及电动汽车用锂离子动力电池、石墨负极材料、三元正极材料、磷酸铁锂正极材料、锂离子电池电解液等领域。

总体来看，能源领域的反垄断工作仍存在处罚力度偏弱、执法响应迟缓、执法透明度较低等问题，除了已有的反垄断执法案例，不排除仍然有一些涉嫌违反《中华人民共和国反垄断法》的垄断协议或滥用市场支配地位的行为，尚未得到制裁。

（五）能源公共服务和普遍服务范围有待拓展，水平仍待提升

目前，虽然我国能源公共服务和普遍服务水平已经取得明显提升，但与加快规划建设新型能源体系的需求，以及中国式现代化的总体要求相比仍然存在一些短板和不足，水平有待提升。

例如，我国农村地区的能源基础设施仍有很大的发展提升需求，农村电网和城市配电网薄弱，部分农村地区仍然主要以薪柴、秸秆等传统能源为主，还有部分农户未通动力电。在新型能源体系下，电能占终端用能的比重不断提升。农村电力基础设施涉及范围广、发展底子薄，与城镇电力基础设施差距较大，农村电力基础设施不能有效衔接农业生产、乡村产业、农村生活电气化等各种新需求，特别是当前中西部农村及边远贫困地区的电网架构仍然比较薄弱，抵边村寨农网改造升级以及农田机井等特定农业生产基础设施建设亟待推进。

又如，我国能源标准体系建设也有待进一步健全。在新型能源体系下，能源技术、业态创新和产业转型非常活跃，亟须加快建立健全结构优化、先进合理，能有力支撑和引领能源绿色低碳转型的能源标准体系，特

别是在新能源汽车、新型储能、氢能、新型电力系统等新兴领域，能源标准化建设工作亟待提速。

四、新型能源体系下能源治理机制的新思路和新特征

基于能源治理与能源体系逻辑关系和能源治理的理论基础，我国能源治理体系的发展现状，能源治理机制存在的突出问题，以及新型能源体系的新特征和新趋势，本书认为，新型能源治理体系是新型能源体系的必要组成和坚实保障，与过去侧重于政府能源管理，聚焦能源生产消费等技术物理层面运行状况的传统能源治理相比，新型能源治理体系具有更为丰富的内涵和多元化的新特征，致力于更好发挥政府作用，为新型能源体系建设提供支撑保障。

（一）双轮驱动，有效市场和有为政府相结合

社会主义市场经济体制是中国特色社会主义的重大理论和实践创新。改革开放特别是党的十八大以来，我国坚持全面深化改革，充分发挥经济体制改革的牵引作用，不断完善社会主义市场经济体制。在能源领域，随着能源市场化改革的持续推进，市场基础和条件日渐夯实，市场在资源配置中的决定性作用得以充分发挥。而能源治理作为更好发挥政府作用的途径和手段，需要坚持社会主义市场经济改革方向，更加尊重市场经济一般规律，最大限度减少政府对能源市场资源的直接配置和对微观经济活动的直接干预，以有效弥补市场失灵。在新型能源体系下，新型能源治理机制具有更为丰富和创新的内涵，要区分“有所为”和“有所不为”，正确处理政府和市场关系，在应该市场发挥作用的领域减少对微观经济的直接干预，在市场失灵的领域通过政府发挥作用进行纠正。在传统的政府能源管理基础上，能源监管和公共服务的重要性将显著提升。

（二）突出重点，健全支持新能源高质量发展机制政策

新能源占比不断提高是新型电力系统和新型能源体系的重要特征，也是能源系统转型变革的重要驱动，将给能源产供储销各领域、电力源网荷储各环节带来相应变化。然而，新能源作为能源体系中的创新元素，虽然

近几年规模迅速扩张，但无论是在技术物理层面，还是在体制机制层面，或是在产业落地层面，都需要多方面的要素保障和政策支持。同时，新能源高质量发展面临越来越多的挑战，在区域布局、系统灵活性、成本收益、产业链供应链等方面，难点、堵点问题不断显现。这就需要政府结合现实需求，健全相关的支持政策和制度机制，采取针对性措施，为新能源高质量发展和新型电力系统、新型能源体系的安全、平稳、高效运行保驾护航。

（三）重视安全，丰富完善能源安全综合保障体系

保障能源安全是践行总体国家安全观的重要措施，建设新型能源体系也需要把能源安全作为重中之重。当今世界正处于百年未有之大变局，全球能源正进入地缘政治博弈加剧、气候变化和极端天气事件频发、能源转型过程中系统风险凸显，且风险间相互传导强化的新时期，这就要求能源安全保障体系更多地体现综合性、系统性。能源具有公共品属性，这也是能源治理的重要内容。新型能源治理体系下，在对能源安全重视程度提升的同时，也需要在保障传统的能源供应安全基础之上，更加注重系统安全。针对安全保障体系和体制机制的设计，一方面要解决传统的能源供应安全问题，通过产能调节、储备建设、需求调节、通道保障、贸易谈判等机制的建立，保障煤、油、气等传统能源供应；另一方面要解决新型能源风险挑战，通过明确安全责任、提升系统韧性、加强监测预测预警、完善应急策略等机制，应对非传统安全风险。

（四）支撑产业，加强产业政策和竞争政策协同

产业政策和竞争政策都是能源治理的重要手段。过去在进行能源治理时，产业政策占主导地位。近年来能源领域出台了一系列产业政策，特别是与新能源、新能源汽车等绿色产业相关的政策，取得了显著成效。新型能源体系建设要服务于中国式现代化，参与构建现代化产业体系，那么就会要求出台更加精准、科学、有效的产业政策。新一轮科技革命和产业变革方兴未艾，能源领域的新业态、新模式蓬勃涌现，也需要更好地发挥产业政策促进战略性新兴产业发展壮大。与此同时，强化竞争政策的基础性

地位也是新型能源治理体系的突出特征，要健全公平竞争制度框架和政策实施机制，及时清理废除能源领域长期以来存在的，含有地方保护、市场分割、指定交易等妨碍统一市场和公平竞争的顽疾沉疴。此外，还要建立公平竞争政策与产业政策协调保障机制，优化完善产业政策实施方式。

（五）激活市场，以企业改革增强微观主体活力

能源领域存在着很多体量庞大的大型能源集团，这些企业的业务关乎能源产业发展和经济民生，也承担着保障国家能源安全等重要责任，因此优化和提升企业的布局、效率和核心竞争力至关重要。同时，能源全产业链上也有数量众多的中小企业，近几年受疫情和市场影响，它们面临不同程度的经营困难，在政策引导、市场准入、投融资、风险管理等方面需要更多的支持。在建设新型能源体系背景下，要通过深化国资国企改革和促进民营经济发展壮大，来更好地激发能源领域中相关经营主体的活力和潜力，进而为推进能源市场化改革、建设新型能源体系构筑微观基础，为能源产业高质量发展提供强劲驱动。

（六）加强协同，构建多能互补、供需互动和多方协调机制

新型能源体系是适应碳达峰碳中和目标要求和科技产业变革趋势方向的能源体系。在新型能源体系下，能源来源变得更加广泛和多元，新能源占比大幅提高，多能互补互济的需求上升，以大型风电光伏基地为基础、以其周边清洁高效先进节能的煤电为支撑、以稳定安全可靠的特高压输变电线路为载体的新型能源供给消纳体系正在形成。这就要求在新型能源治理体系下，不能孤立地针对能源产供储销体系的某个环节，或者煤、油、气、电、核、新能源和可再生能源中的某个品种，而是要坚持系统观念，注重能源系统的整体统筹，加快构建多能互补、供需互动和多方协调的体制机制，例如出台相应的配套激励政策、完善促进新能源消纳的市场机制、加强技术标准规范管理体系建设、加强电源电网通道协同规划、鼓励或开展试点示范等。

（七）提升服务，优化营商环境保民生促共富

坚持以人民为中心，是建设新型能源体系的出发点和落脚点，也是新

型能源治理体系的根本宗旨。当前，我国能源普遍服务水平不断提升，能源惠民利民成果丰硕。新型能源体系下，能源治理坚持以人民为中心有了新的双重内涵。一方面，随着人民群众对高质量用能的要求越来越高，满足人民美好生活用能需要成为能源发展的新目标，新型能源治理下要继续保障和改善民生用能、贫困人口用能，推进普遍服务水平持续提升，进一步增强人民生产生活用能便利度和保障能力，提供多品种、多环节、多客户类型、多种形式的能源服务，满足全社会日趋多样化的能源服务需求。另一方面，能源系统正在发生深刻变革，能源生产者和消费者边界模糊，人民不再仅是能源系统中的被动消费者，而是可以依托分布式能源、光伏+、需求响应等新业态、新模式的主动参与者和财富创造者，所以各级政府要不断优化营商环境，通过促进能源发展来促进共同富裕，从而显著增强人民的获得感和幸福感。

五、构建新型能源治理机制的重要举措

（一）完善能源法律法规及相关领域制度衔接

科学立法、严格执法，构建有法可依、有法必依、执法必严、违法必究的能源法治体系。健全能源法律法规，统筹推进能源法律法规修订与配套规章立改废。加快立法进程，创新立法方式，提高立法效率，尽快形成体系完整的能源上位法与能源行业法，并构建与市场化改革协调配套的能源法律体系。全面贯彻实施《中华人民共和国能源法》，推动与《中华人民共和国能源法》相关等立法工作，推动《中华人民共和国电力法》《中华人民共和国可再生能源法》等修订工作尽快取得实质进展，推动各单项立法修订工作，完善补充相关行政法规和规章。

严格执法程序，对能源领域中现行法律、行政法规、规章设定等事项进行全面梳理，重点加强可再生能源并网、管网公平开放等环节的执法力度，开展执法检查，规范自由裁量权，建立责任追究机制，确保执法责任落到实处。创新执法方式，推进“互联网+”的行政执法新模式，健全执法全过程记录和信息公开制度。健全行政复议和行政应诉工作制度。依法

行政，健全合规性审查机制，各级能源管理部门要加强政策措施的公平竞争审查和反垄断审查工作。加强执法监督，规范能源领域执法行为，纠正执法不严、选择执法、简单粗暴、畸轻畸重等行为。

加强能源法律法规和相关领域制度规章的衔接。考虑到新型能源体系的建设需求，在土地、资本、技术、劳动力、数据等相关领域的法律法规和制度规章中，明确对新型能源体系建设相关领域的规范规定，加强自然资源要素保障相关规章。考虑到能源绿色低碳发展的趋势，加强能源法律法规和生态环境保护相关法律法规的衔接协同。结合应对气候变化领域国际公约的发展，以及我国应对气候变化、碳达峰碳中和等领域法律法规和规范性文件的制修订，进一步完善能源法律法规体系中与生态环保和碳减排相关的内容。

（二）建立适应新型能源体系建设的能源科学管理框架和模式

厘清政府职能边界，形成战略引领、规划引导、政策落地、标准规范的能源管理模式。深化推进能源审批制度改革，持续推进简政放权，合理放宽市场准入，建立能源市场准入负面清单调整机制。

完善战略规划体系。统筹社会经济发展形势、国家战略目标以及能源发展改革进展，建立由国家能源委员会主导的能源战略规划科学性评估和动态调整新机制。推动能源规划与市场化改革相衔接，促进有效市场和有为政府相结合，充分发挥市场化机制支撑能源规划落地见效的作用。

完善能源产业政策体系。充分发挥国家能源委员会的作用，推动建立多部门沟通协调机制，重点解决能源发展与财税政策、国有企业改革与市场化建设、能源资源开发与生态环保等政策协调问题。及时跟进技术产业变革来优化产业政策，稳步推进传统能源产业转型升级，加强对新型储能、氢能、能源数字化等新业态、新模式的支持。

创新能源管理方式和服务方式，深入开展“互联网+政务服务”，推进政务服务标准化和常态化运行，推动政务服务质量和效能全面提升。

（三）构建有利于新型能源体系建设和多能协同互济的新型能源监管方式和监管机制

突出系统性和综合性，理顺能源市场监管体系的框架和内容。完善能源监管法律法规体系，通过能源上位法中相关法条规定为能源市场监管提供更具权威性的法律依据，继续推动《能源监管条例》及分业监管立法。健全能源市场监管体系框架，继续优化监管机构和职能配置。重点加强监管部门之间的横向、纵向对接协调。健全常态化的监管协作、监督和效能评价机制。加强能源市场监管的跨部门跨领域综合执法，例如，以城市为基础单元，探索电、热、氢的统一规划和监管。大力提升监管的系统性和协同性，形成监管合力，逐步向综合能源监管转型。

以绿色低碳为导向，加强能源领域专项监管和重点监管。强化对“双碳”目标下规划、政策、方案执行的监管。一是结合《2030 年前碳达峰行动方案》中能源领域内容，将国家和地方目标任务落实和方案执行情况列入能源监管重点任务清单。二是将能源领域碳减排的关键路径举措纳入专项监管，如煤炭消费减量替代专项监管、可再生能源消纳专项监管等。三是将重点地区和省份碳减排相关工作纳入重点监管。

服务“三新”经济，加强审慎监管和敏捷监管在能源领域的应用。对可再生能源、氢能、储能、综合能源服务、能源互联网等新技术、新业态、新模式，及这些领域的“专精特新”企业，改革传统监管模式，落实和完善包容审慎监管；在能源创新领域，探索形成敏捷监管的规则和方式方法。同时，要健全监管过程中涵盖风险信息采集、识别、评估、处置全流程的风险监测防控机制，防范能源市场重大风险。在新兴领域要加快新型标准体系建设，加强质量监管并创新监管机制，大力提升能源创新发展的质量和效益。

将能源市场交易监管作为重中之重，强化反垄断监管。完善能源交易平台和交易体系建设，统一和规范市场规则，严格监管标准，降低市场交易风险。加强对价格和成本的监管，密切关注能源市场竞争状况，针对能源市场中限制竞争、市场操纵、价格违法等问题，强化反垄断和反不正当竞争执法力度，及时查处捏造散布涨价信息、囤积居奇、哄抬价格、价格串通等价格违法违规行为。针对复杂性、专业性较强的电力市场、碳市场、用能权市场，应与市场监管同步或超前于市场建设。

（四）探索国资国企改革与能源市场化改革协同优化模式与路径

协同推进能源领域企业改革和市场化改革，更好地激发能源企业的活力和潜力，进而为推进能源市场化改革、建设新型能源体系构筑微观基础，为能源产业高质量发展提供强劲驱动。

市场准入方面，进一步梳理排查煤电油气各领域和各环节市场准入中存在的不合理限制和隐性壁垒问题，如准入门槛过高或不合理不清晰、变相审批或备案烦琐、地区间准入差异大等问题，形成问题清单、解决方案和进度计划。

市场化改革方面，在电力、油气等领域，按照“管住中间、放开两头”的改革思路，持续深化能源市场化改革。竞争性环节进一步放开，维护公平竞争；自然垄断环节强化监管，进一步深入推进竞争性业务和自然垄断业务分离。综合完善产权保护、公平竞争、社会信用等市场基础制度，加快营造稳定公平透明可预期的营商环境。

经营主体培育方面，壮大优质企业群体，结合新型能源体系建设发展综合型能源企业。选择一批基础条件好、经营管理规范、创新能力强的典型能源企业，加快创建一批世界一流能源企业。鼓励各地聚焦本地特色优势的能源细分领域，实施优质中小企业培育工程。深化能源领域国资国企改革，重点推动新能源领域增量混改，形成典型案例经验并推广。

创新激励方面，强化企业科技创新主体地位，加快实施一批具有战略性、全局性、前瞻性的重大能源科技项目，加大能源央企科技创新的考核支持力度，对于科技型中小微企业给予多元化的政策扶持，加快构建全过程创新生态链，打造大中小企业创新链。对于业态模式创新，如综合能源服务、虚拟电厂、智慧能源、新型储能等，探索“监管沙盒”机制。

（五）进一步提高能源公共服务和普遍服务水平

整体推进、重点突破，构建政府主导、社会参与、广泛支撑、高质高效的能源公共服务体系。一是加强政府与社会组织协同合作，加大对社会组织发展的引导，提高社会组织规范性和活跃度。鼓励社会组织提供多层次、多样化能源公共服务。二是构建支撑新型能源体系建设的能源安全综合保障体系，多措并举完善能源安全制度体系建设，优化能源安全保障工作机制、任务分工和政策工具箱，强化政策配套和部门协同，提高风险应急处置能力，进一步完善能源安全储备制度。三是加强和完善能源监测预警工作机制，使其制度化、系统化、常态化、规范化，加快构建框架清晰、覆盖全面、协调联动、滚动实施的能源监测预警体系，必要时针对重点环节和领域的监测预警出台专项政策，完善协作机制。拓展能源监测预警应用领域，特别是加强煤炭、电力、油气等重要能源产品供需和安全的监测预警体系。四是完善能源领域标准体系。加快推动电力、油气等重点领域改革任务相应标准制定进程。加快建立政府与市场协同供给能源标准体制。推动政府主导的标准制定聚焦于行政履责、提供公益服务等方面，培育市场在能源新技术、新产业、新业态和新模式等方面的自主制定标准。

以着力补齐能源基础设施短板、开展能源惠民利民工程为重点，进一步提升能源普遍服务水平。研究建立能源普遍服务中央预算内投资专项，重点涵盖农村电网巩固提升、县乡综合能源应用、西部重大能源工程建设等三方面内容。结合新型能源体系建设目标和路径，将精准补齐能源普遍服务基础设施短板、筹划和开展一批能源惠民利民工程作为重要抓手，推动投资方向与重大区域战略规划、城乡战略规划相衔接。重点投入的能源惠民利民工程包括农村电网巩固提升工程、县域乡村综合能源应用工程、西部地区重大能源工程等。

（六）持续完善绿色低碳发展经济政策

加强经济区域能源政策整体设计，推动区域能源政策协同。统筹考虑区域经济与能源发展的诉求，立足安全、经济、清洁、低碳等要点，因地制宜地制定各类能源发展政策，确保能源政策形成合力，满足地区能源发展演变路径要求，同时有效支撑地区经济发展。

完善财税激励政策，动态调整激励范围与支持力度，引导各类能源协同发展。加大财税政策扶持力度，健全节能环保、清洁生产、清洁能源产业的财政激励和税收优惠政策，为符合条件的能源主体尤其是清洁能源主体提供一定的税收优惠；动态调整激励范围与支持力度，形成政府资金引导、民间资本共同参与的能源项目投资机制。

加快完善能源科技配套政策法规。完善科研创新激励机制，促进科技成果转化、知识产权保护，拓宽能源技术创新融资渠道，为企业技术创新和科技成果转化营造良好政策环境。

落实绿色金融支持政策，完善节能环保、清洁能源、绿色交通等领域项目的金融服务模式。以市场化手段融资支持多能源品种协同发展，完善绿色金融标准体系，鼓励金融机构参与发行绿色信贷、绿色债券、绿色发展基金、碳金融等产品。完善环保、节能、清洁能源、绿色交通、绿色建筑等领域项目的投融资、风控、运营等金融服务模式，扩大银行业对能源产业的信贷支持，鼓励金融创新，推进与能源相关的金融产品开发。

参考文献

[1]蔡文静，雷兵，焦一多．推进能源行业依法治理体系和治理能力现代化研究[J]．中国能源，2020，42(9)：38-42.

[2]车咚咚．我国能源法律法规及标准体系简介(上)[J]．中国水泥，2021(5)：114-120.

[3]车咚咚．我国能源法律法规及标准体系简介(下)[J]．中国水泥，2021(8)：112-120.

[4]陈梦圆．习近平关于国家治理体系和治理能力现代化重要论述研究[D]．厦门：华侨大学，2022.

[5]戴木才．国家治理体系和治理能力现代化的重大创新[J]．前线，2021(2)：4-8.

[6]冯锋．运用大数据促进我国国家治理现代化研究[D]．济南：山东师范大学，2022.

[7]冯升波．中国能源体制改革：回顾与展望[J]．中国经济报告，2021(3)：22-26.

[8]冯升波，王娟．有效市场、有为政府与深化能源体制革命[J]．中国能源，2024，46(3)：80-87.

[9]冯维．中国式现代化视域下推进国家治理体系和治理能力现代化的三条原则[J]．政工学刊，2023(1)：12-15.

[10]龚峋．构建以《能源法》为引领的可再生能源法律政策体系[J]．中国电力企业管理，2020(16)：27-29.

[11]郭群，王学军．新时代我国能源政策的发展趋势与推进路径[J]．学习与实践，2018(4)：60-64.

[12]韩冬雪．发挥社会组织的桥梁与纽带作用，建设具有韧性的国家治理体系[J]．决策与信息，2021(3)：17-18.

[13]何显明．中国现代国家制度的建构及其治理效能——基于国家意志聚合与实现的视角[J]．中国社会科学，2022(9)：26-45，204-205.

[14]胡洪彬．制度优势转化为治理效能：内在机理与实现路径[J]．探索，2020(6)：19-31.

[15]胡健，张文彬，李帆．"双循环"新发展格局背景下的中国能源革命理论基础与战略路径[J]．西安财经大学学报，2023，36(1)：85-97.

[16]胡涛，方敏．能源管理体制的必要性及其职能初探[J]．辽宁大学学报(哲学社会科学版)，2012，40(2)：66-70.

[17]胡涛．政府和市场边界的界定与能源管理体制的构建[J]．改革与战略，2012，28(6)：11-13.

[18]黄建军．中国国家治理体系和治理能力现代化的制度逻辑[J]．马克思主义研究，2020(8)：43-51，155-156.

[19]贾海彦．能源治理中的补偿机制研究[J]．华东经济管理，2010，24(5)：131-134.

[20]金碚．《中国现代能源监管体系与监管政策研究》评介[J]．中国工业经济，2019(1)：3.

[21]康景文．论我国能源法律制度的发展与完善[J]．法制博览，2018

(7)：84-85.

[22]李帮喜，邓永波．新时代加快完善社会主义市场经济体制与国企改革：开启提速增效与重点突破新征程[J]．福建师范大学学报(哲学社会科学版)，2021(5)：69-81，168-169.

[23]李洪雷．论在法治轨道上推进国家治理体系和治理能力现代化[J]．广东社会科学，2022(4)：5-16，286.

[24]李景治．国家治理体系现代化的意义、内涵和实现路径[J]．中国浦东干部学院学报，2020，14(4)：21-29.

[25]李军鹏．面向2035年的国家治理体系和治理能力现代化远景战略[J]．中国行政管理，2020(11)：47-51，150.

[26]李军鹏．十八大以来国家治理制度体系发展成就与经验[J]．国家治理，2022(19)：15-21.

[27]林卫斌，吴嘉仪．能源治理、能源管理与能源监管[J]．学习与探索，2023(3)：113-121.

[28]刘鹏．分布式能源法律制度研究[D]．重庆：重庆大学，2020.

[29]刘伟，布晨明．新时代国家治理现代化的时代方位、制度优势与实践方略[J]．重庆工商大学学报(社会科学版)，2023，40(2)：26-35.

[30]刘勇，陆宏博．新时代国家治理体系和治理能力现代化研究综述[J]．中共成都市委党校学报，2021(1)：22-29.

[31]刘志明．推进国家治理体系和治理能力现代化：根本依据、战略意涵与标志性意义[J]．中南大学学报(社会科学版)，2021，27(4)：24-30.

[32]吕爱琳．我国氢能源法律制度问题及建议探究[J]．法制博览，2022(36)：118-120.

[33]吕江．能源治理现代化："新"法律形式主义视角[J]．中国地质大学学报(社会科学版)，2020，20(4)：48-59.

[34]马怀德．法治与国家治理[J]．社会科学，2022(8)：5-11，20.

[35]马立政．国有企业是中国社会主义经济实践的中流砥柱——新中国70年来国有企业发展历程及主要经验[J]．毛泽东邓小平理论研究，

2019(6)：47-55，108-109.

[36]马丽雅，陈祥勤．完善“中国之制”，推进“中国之治”——新时代推进中国特色社会主义制度和国家治理体系建设的理路论析[J]．同济大学学报(社会科学版)，2020，31(6)：22-31.

[37]乔兆红．“国之大者”：理解当代中国国家治理体系的一个基点[J]．人民论坛，2022(6)：18-21.

[38]秦海岩．以更大担当和作为保障能源高质量发展——2023 年能源监管工作要点解读[J]．风能，2023(1)：1.

[39]史丹，冯永晟．深化能源领域关键环节与市场化改革研究[J]．中国能源，2021，43(4)：38-45.

[40]宋世明．坚持在法治轨道上推进国家治理体系和治理能力现代化[J]．中国政法大学学报，2021(3)：19-31.

[41]宋世明．论中国式治理现代化个性[J]．中共中央党校(国家行政学院)学报，2022，26(4)：111-125.

[42]孙正聿．制度优势的理论根基[J]．马克思主义理论学科研究，2021，7(1)：49-59.

[43]王浩．能源监管体制改革的路径选择[J]．政府管制评论，2018(1)：16-28.

[44]王俊豪，金暄暄．中国能源监管体制深化改革研究[J]．经济学家，2020(9)：95-103.

[45]王恬子，姚明涛，康艳兵．政策铸就能源光明路　我国农村电力发展政策、成就与展望[J]．中国能源，2021，43(6)：6-11.

[46]卫兴华．怎样认识混合所有制经济——兼评“国退民进”论[A]//中国经济规律研究报告(2015)．中国经济规律研究会，吉林财经大学，中国社会主义经济规律系统研究会，2015：6.

[47]文丰安，段光鹏．国家治理体系现代化的理论基础、历史变迁与发展进路[J]．浙江工商大学学报，2021(3)：105-116.

[48]邬亮，赵小凡，齐晔．改革开放以来中国能源供需特征与治理模式[J]．中国人口·资源与环境，2014，24(12)：147-152.

[49]肖国兴，徐凯歌．能源监管权力清单治理的基本问题[J]．中州学刊，2023(6)：73-79.

[50]肖国兴．能源体制革命抉择能源法律革命[J]．法学，2019(12)：164-174.

[51]肖兴志．“新常态”下我国能源监管实践反思与监管政策新取向[J]．价格理论与实践，2015(1)：5-10.

[52]熊光清，蔡正道．中国国家治理体系和治理能力现代化的内涵及目的——从现代化进程角度的考察[J]．学习与探索，2022(8)：55-66.

[53]熊华文，苏铭．推动能源治理体系和方式现代化[J]．宏观经济管理，2018(8)：34-39.

[54]徐邦友．推进国家治理体系和治理能力现代化的中国方案——基于制度理性的视角[J]．治理研究，2020，36(5)：11-18.

[55]徐斌．市场失灵、机制设计与全球能源治理[J]．世界经济与政治，2013(11)：78-95，159.

[56]徐骏．转变政府能源监管　推进能源体制革命[J]．财经论丛，2021(6)：113.

[57]杨春桃．“双碳”目标下中国低碳能源法律制度创新研究[J]．广西社会科学，2023(2)：20-29.

[58]杨娟．输配电价改革进展及进一步推进的建议[J]．价格理论与实践，2018(4)：22-25.

[59]易崇艳．能源监管法律制度研究[D]．重庆：重庆大学，2020.

[60]张建平．加快南方能源监管体系和监管能力现代化[J]．中国电业，2020(8)：6-7.

[61]张来明．以国家治理体系和治理能力现代化保证和推进中国社会主义现代化[J]．管理世界，2022，38(5)：1-6.

[62]张群，宋迎法．能源治理研究述评[J]．重庆交通大学学报(社会科学版)，2018，18(2)：11-16.

[63]张树华，王阳亮．制度、体制与机制：对国家治理体系的系统分析[J]．管理世界，2022，38(1)：107-118.

[64]张雅洁．双碳目标下我国能源立法完善研究[D]．兰州：西北民族大学，2023.

[65]张友国．中国碳治理体系现代化：历程与特征[J]．改革，2023(11)：128-143.

[66]赵军霞．现代能源治理中政府的角色定位与转变路径[D]．太原：山西大学，2021.

[67]赵磊，李昊，彭程．新时代完善国家治理体系应坚持的五种思维[J]．湖南大学学报(社会科学版)，2020，34(4)：10-16.

[68]郑佳宁．从行政管理到综合管理：我国能源管理的模式变革[J]．行政法学研究，2010(3)：62-68.